遇见杭州，这座城

YUJIAN HANGZHOU, ZHE ZUO CHENG

藏羚羊旅行指南编辑部　编著

北京出版集团公司
北京出版社

图书在版编目（CIP）数据

杭州，这座城 / 藏羚羊旅行指南编辑部编著. — 北京：北京出版社，2020.4（2024.7重印）
（遇见）
ISBN 978-7-200-15222-7

Ⅰ.①杭… Ⅱ.①藏… Ⅲ.①旅游指南—杭州 Ⅳ.① K928.955.1

中国版本图书馆CIP数据核字（2019）第290455号

遇见
杭州，这座城
HANGZHOU, ZHE ZUO CHENG
藏羚羊旅行指南编辑部　编著

*

北 京 出 版 集 团 公 司
北　京　出　版　社　出版
（北京北三环中路6号）
邮政编码：100120

网　　址：www.bph.com.cn
北 京 出 版 集 团 公 司 总 发 行
新　华　书　店　经　销
北 京 华 联 印 刷 有 限 公 司 印刷

*

710毫米×1000毫米　16开本　13.75印张　268千字
2020年4月第1版　2024年7月第2次印刷
ISBN 978-7-200-15222-7
定价：59.80元

如有印装质量问题，由本社负责调换
质量监督电话：010-58572393

前言

  杭州在你心里肯定是这样的：是水木春华的天堂，是香烟袅袅的肃穆之地，是微波荡漾的西子湖，是拥挤忙碌的江南都会……也许都是，也许都不是。于是，我们再次出发，发掘这座城市的新意，让人们可以在短短一周的时间里，深入这座城市，感受这座城市的魅力。

  当然，一本小小的书不能穷尽杭州的美，也无法做到面面俱到。如果你想找到西溪湿地、西湖游船这样的大众化景点，不妨寻求网络，有海量的信息扑面而来。我们更愿意向你推荐山林里的一条绿色的石头路、西湖边上一张惬意的桌子、梧桐树下一杯悠闲的绿茶、茶林里自在的农家生活……

  简单地说，书中介绍的地方有近一半在西湖附近，另一些则在西湖以外的其他地区。初来乍到者可以把焦点放在西湖周边。毫无疑问，西湖依然是杭州最值得一去的地方。"三山一湖"是抹不去、避不开的杭州伊甸园。断桥上的残雪、苏堤上的春柳、山上的保俶塔、夕阳下的雷峰塔……太多经典在西湖上呈现。避开大众化的项目，你也可以在梧桐树下喂松鼠，在亭子底下看音乐喷泉，在无人的庄园里看苏堤春晓,在南山路上找到你的咖啡座,在洋楼里听一曲曼妙的爵士乐……在我们的书里,新鲜的西湖玩法等着你去尝试。

离开西湖,或许还有一个真正的杭州等着你。在灵隐寺的山路上有飘飘欲仙的三天竺,还原一个烟雨宝刹的杭州。在运河沿线上你会遇见粮仓、小镇、古桥、博物馆,时代的年轮在运河边上转了一圈又一圈。龙井、九溪,你或许曾耳闻,却又有些陌生。踏足山林、溪流、古村,像古代皇帝一样去寻找绿色叶片,或是在山林溪水里享受无限春色,都是身处杭州最大的乐趣。如果你更喜欢寻找城市印记,那河坊街、御街、五柳巷会为你勾勒出古杭州的样貌。从皇城到市井,曾经有一个歌舞升平的杭州在你的脚下。还有一些博物馆,可能最令你意想不到。在以山水见长的森林城市里,如此丰富、形态各异的博物馆,无论是建筑本身还是里面的展览,都足以开阔你的视野。

从山林到西子湖畔,从茶村到古街,从竹林山径到钱塘新城……我们有许多新的发现,即便是人们最熟悉的杭州,我们也能搞出点新意来,希望这本书能帮助到你。当然,还有更多美景等着你去发现。走的越多,你发现的就会越多,或许这才是旅行真正的意义。

遇见
杭州，
这座城

遇见
杭州,
这座城

西湖 北山街 白堤
保俶孤山断桥连

断桥 / 14
望湖楼茶室 / 16
纯真年代书吧 / 18
保俶塔 / 20
初阳台牛脊背 / 22

葛岭抱朴道院 / 24
西泠印社 / 26
中山公园清行宫 / 28
浙江省博物馆孤山馆区 / 30

湖滨路
湖滨坐享西湖美

湖畔居 / 36
松鼠喂食点 / 38
湖滨茶座 / 40
湖滨名品街（湖滨银泰 in77）/ 42
集贤亭 / 44

俶影桥 / 46
西湖天地 / 48
黄楼 / 50
音乐喷泉 / 52

南山路 雷峰塔
南山路上的小资杭州

中国美术学院南山校区及美术馆 / 58
Store 敦品·设计店 / 61
南山书屋 / 63
钱王祠 / 65
西湖博物馆 / 68

柳浪闻莺 / 70
长桥 / 72
雷峰塔 / 74
净慈寺 / 77

苏堤 杨公堤
苏杨有功美景留

苏堤 / 84
杨公堤 / 86
浴鹄湾 / 88
花港观鱼 / 90
西湖国宾馆 / 92
杭州花圃 / 94
曲院风荷 / 96
岳王庙 / 98
栖霞岭 / 100

杭州植物园 灵隐寺 三天竺
青青天竺闲自来

青芝坞 / 106
杭州植物园 / 108
灵隐寺 / 111
飞来峰 / 113
北高峰 / 115
三天竺 / 117
她城有他 / 119
梅家坞 / 121
云栖竹径 / 123

运河线
运河边寻找杭州的根

西湖文化广场 / 130
富义仓遗址公园 / 132
香积寺和大兜路历史街区 / 135
北新关和畲族馆 / 138
小河直街历史街区 / 140
桥西博物馆区 / 142
拱宸桥桥西历史文化街区 / 145
T coffee / 148
拱宸桥 / 150
运河文化广场 / 152

龙井 九溪
茶山里的风景线

茅家埠 / 158
中国茶叶博物馆 / 160
龙井八景 / 162
龙井问茶 / 164

御茶园 / 166
九溪十八涧 / 168
九溪烟树 / 170
浙江大学之江校区 / 172

五柳巷 御街 河坊街
老城郭里的南宋遗风

五柳巷历史街区 / 178
什么鬼 / 180
南宋御街 / 182
高银街 / 184
河坊街 / 186

胡庆余堂 / 188
羊汤饭店 / 190
猫的天空之城 / 192
胡雪岩故居 / 194

吴山 虎跑 满陇桂雨
山路起伏间的博物馆之旅

杭州博物馆 / 200
浙江美术馆 / 202
中国丝绸博物馆 / 204
南宋官窑博物馆 / 206
八卦田遗址公园 / 208

六和塔 / 211
虎跑 / 212
满陇桂雨 / 214
马灯部落 / 216
杨梅岭 / 218

西湖
北山街
白堤

遥遥地，对着北山，一幅美妙的画卷被打开，湖面上断桥没有断，来来往往的游客踏足其上。孤山之外，更高的北山绵延起伏。山外山的风景里，精致的保俶塔是点睛之笔。它恰到好处地待在了画面的黄金分割点上。这是上天的赐予，还是古人智慧的结晶？

杭州，这座城

保俶孤山断桥连

　　西湖的北面无疑是杭州之旅的一个重点。无论是漫步还是骑车,从这里开始慢慢了解杭州和西湖最恰当不过了。

　　西湖有多妖娆,青山就有多少功劳。青山绿水,总是中国人心头不能割舍的审美情趣。而在北面,北山就是促成西湖美景的一大功臣。

　　保俶塔并不孤独。葛岭上抱朴道院燃着晋朝古刹传下的香火。享受山间茶趣的人们把露台挤得满满当当。更有"好色"之徒,早早攀上牛脊背光秃的岩石,像千百年前的葛洪一样等待"朝晖"的莅临。

　　他们不是最早发现北山之美的人。宋朝开始这里就不乏"开发者"。五代十国的南国寺庙还能在山路上找到踪迹,白居易在湖上建了堤,康乾在孤山设了行宫,更有民国后来者沿北山街建起别墅幢幢。

　　沿北山街走,在斑驳的梧桐树影下,游客领略过岁月的记录者——民国建筑。沿白堤,游客走过历史的见证者——宋元明清的遗迹。再回到博物馆前,游客们手里拿着一张张免费的国画书签,岁月在游客的手里定格,又在他们的脚下流动。最后,人流汇聚到小小的断桥上,遥想传说中的"浪漫相会"。

　　无风无雨,断桥亦没有断。岁月的点滴在这桥上、堤上、山上、湖上似乎亦没有断过。

辑一 杭州，这座城

断桥
"汹涌人潮"来相会

在西湖的东北角，白堤的尽头，北山街的南面，一座单孔小拱桥小巧别致地躺在平静的西湖上，这就是西湖最出名的"断桥"。这里总是人头攒动，一大早逛西湖的人们十有八九先到这里来"报到"。

早晨，若是站在北山街断桥的对面看，梧桐和杨柳的剪影之下是一个个匆忙的身影。这些身影有的从北山街爬上拱桥消失在桥顶，有的从桥顶出现慢慢拥到北山街上。

　　就在断桥与北山街连接处，碑亭里的石碑上写着"断桥残雪"几个大字，这是断桥作为"西湖十景"之一的真正名号，然而匆匆而过的游客很少注意到它，大家都迫不及待地穿过人群去寻找断桥的美景。

　　站在桥顶向远处望，三面的湖景开阔大气，远处起伏的山头上亭阁、宝塔搭配出西湖美丽的画卷。人们如此喜爱断桥，恐怕并不只是因为这里可以环视美景。攒动的人头十有八九是来考证中国传说故事《白蛇传》中最著名的相会地点之一——断桥，这个故事让西湖多个景点成为"网红"，断桥即如此。

　　来断桥游览的游客较多，或许很难体会到传说中那样舒适、浪漫的"偶遇"，但正因如此，在桥面上的每一次相遇都变得更加让人珍惜。在桥上走累了，还可以到北山街上隔着层层叠叠的荷叶看看它，这时小桥变得灵秀起来，小小的桥洞、微微隆起的桥面、低角度的坡道都恰到好处，周围的山、塔、湖、亭又那么顺眼地陪伴着，就连连绵的人群都成了有趣的剪影，这时你再细细思量，眼前的桥可是早在唐朝便存于湖上的妙景。你也完全有工夫去想它的名字究竟是因"段"音讹传而来，还是因为冬雪将化未化时造就"断"的视觉。

望湖楼茶室
打开西湖的正确方法

怎样亲近西湖才好？一杯龙井慢慢品，一片西湖慢慢看——这恐怕是很多人的理想。在北山街的东部，有一座中式传统楼阁镶嵌在山体中。这座叫作"望湖楼"的传统茶座，是享受慢时光的好地方。

望湖楼堪称北山街上最老的建筑之一，最早是吴越王的杰作。到了20世纪80年代，最后一次重建让它成为当时杭州最优秀的建筑之一。古色古香的望湖楼是两层的木结构老

式楼宇，需要爬上两层楼高的石阶才能到达古楼的露台。石栏之上的木楼到处是雕梁，古典的中国图形装饰着楼宇的每个角落，只有窗户上玻璃的反光才让它显露出点滴现代的痕迹。

　　这座古楼在北山街的山体上，位置极好。站在楼上，放眼望去便是西湖。原先它是寺庙前的观景阁楼。在建筑平均高度不高的古代，它历来是文人墨客游历西湖登高望远的好去处。这些文化人来到此地都免不了要咏题一番，其中苏东坡的《六月二十七日望湖楼醉书》最为有名。

　　"黑云翻墨未遮山，白雨跳珠乱入船。卷地风来忽吹散，望湖楼下水如天。"这是当时苏东坡看到的西湖。今天，作为茶楼存在的望湖楼，让每个游客都有机会上去体味一番。不仅是游客，杭州本地人也常忍不住来这里度过一个悠闲的下午。在北山街的树影下，端来几杯龙井，再加上一碟瓜子，天南海北地说上些闲话，就悠然度过一个下午。远处的西湖碧波荡漾，树影之间隐约有几只船儿漂来荡去。远处群山像是在捉迷藏，在梧桐树后忽隐忽现。北山街上如织的人流反倒清晰可见。若是像苏东坡一样，遇上一场及时雨，此时人流消散，倒也能还原一个清澈、宁静的西湖。

杭州，这座城

纯真年代书吧
西湖边执着守候的文学沙龙

西湖北面的宝石山不乏古迹，也是登高眺望西湖的好地方。然而很多人去山上却有另一个目的——纯真年代书吧，那是一个开在宝石山半山腰的书吧。这几年西湖的变化很大，而它能在喧闹的名胜中一待就是十几年，这真让人意外。不过，它也让文艺爱好者们在西湖边有了"归宿"。

通常要登顶宝石山都会经过这个书吧，它的上面就是保俶塔，书吧横亘在山腰间，躲在上山的石阶旁。屋外有一片石砌露台，一圈古朴石栏包围着屋子。宝石山上茂密的树木常常将它虚掩起来，环境怡人，只不过爬上半山腰需要花些力气。

  书吧是座仿古建筑，两层楼高。一层有突出的老式屋檐遮盖，红色木柱在大门外分立两边，柱子上迎客的对联是莫言所赠。立柱之间，古色古香的牌匾安于门上，上面的"纯真年代"四个字为韩美林题写。木条勾勒着书吧的窗户，一张张敞开的木窗让空气在屋内充分流动。玻璃上映满树林，疏影间露出几个捧书的人影。

  书是这里的主题！隔着窗户就能看到书吧书架遍布。底层一大一小房间的墙边几乎都是书，细看大部分书是纯文学的。书吧主人的丈夫是前浙江文学院院长，所以书吧一开张就和文学有着不解之缘。书吧曾经举办过很多文学沙龙活动，前来的作家也都很有名气，如莫言、余华、阿来、张抗抗、北岛等，书吧里许多藏书都是作家签名赠予的。毫不夸张地说，"纯真年代"已经是西湖的一张文学名片。

  以书为核心的同时，书吧的咖啡和餐饮也做得像模像样。近几年，书吧还推出了很多文创产品，文学爱好者一定会喜欢这些有意思的小玩意。书吧在大门口还增设了大红色的自助明信片打印机，让游客可以迅速把杭州的美丽寄给远方的朋友。

  书吧已经运营了16年时间，创立时给书吧带来文学人脉的浙江文学院院长已经过世，现在第二代已经接班经营书吧。书吧挨过了最困难的时光并坚持下来后，书吧主人说："我把书吧当作自己的女儿，不管未来怎样，都会不忘初心，在西子湖畔快乐守望一室书香。"

杭州，这座城

保俶塔
亭亭玉立西湖畔

踏过几百级台阶，爬上宝石山的人多半是来寻找保俶塔的。这座细长的石塔是西湖北面一个重要的地标，即便你没有来过杭州，也极有可能在风景片里领略过它的风姿。

这是一座清秀的宝塔，在西湖岸边，多数情况下都能远远望见它。细细长长的，它就静静地立在绿色起伏的山头上。大部分学者考证认为这座石塔初建于五代十国期间，并和

著名的吴越王钱弘俶有关。从那时算起，它已经有1000多年的历史了。当然，像许多古迹一样，它经历过数次重建，最近的一次是在1912年。20世纪90年代，塔刹又因为朽坏被重新修葺。令人庆幸的是，历次重建严格按照原貌进行，我们今天看到的宝塔依旧延续了古时美丽的相貌。

除了在湖边远观，还可以爬上宝石山和它近距离接触。等到了眼前，石塔一下雄壮了起来，不像远望时那样小巧。宝塔笔直冲天而去，远远高出山上树木。磊磊岩石打造出坚硬的机理，复杂、重复的花纹和逐级收紧的塔身显示着古塔有趣的美学特色。到了暮色时分，宝塔还会被简单的灯光打亮，伴随身下泛起星星点点亮光的青山成为西湖边最养眼的景色。地道的本地人和资深游客会爬上塔西侧山顶光滑的岩石，那里可以观赏日出时朝霞下的保俶塔。

不管以何种方式亲近保俶塔，你都不会失望。千年间，它像西子湖边的大家闺秀一样亭亭玉立地守望这片歌舞不休的"天堂"，湖水不干，宝塔不倒。

初阳台牛脊背

上帝视角看天堂

杭州总有几个普通游客不知道的"秘密据点",那里才是打开杭州的"正确方式",初阳台和牛脊背就是这样的据点。

这两处都在葛岭的顶端,那里是一个开阔的山顶平台,有环形的山径连通。登山爱好者可以轻松征服那些层层而上的石阶,登上这个平台。初阳台是道家的建筑物,是一座石头垒砌的台阁。那是看日出的好地方,有"葛岭朝暾"的说法,据说葛洪曾在这里观察过日月星辰。至今初阳台还留有书法大师诸乐三所书的《初阳台》碑刻和有关葛岭朝暾的碑文。

　　台阁边上的石柱上有对联一副：晓日初升荡开山色湖光试登绝顶，仙人何处剩有石台丹井来结闲缘。其中的"仙人"应该就是道家崇拜的祖师葛洪了。尽管有传说、楹联做证，但实际上在初阳台看日出已经相当困难。平台四周树木已经长得太高了，彻底挡住了视野。

　　不过，可以沿着山路绕到顶端另一侧的牛脊背上，那里场面大有不同。牛脊背上几乎都是光滑的岩石，巨大岩石间有细小、粗糙的石阶被开凿出来。许多胆大的游人踩着光滑的石面爬上牛脊背，还有许多极限运动爱好者聚在光滑崖壁下玩攀岩。

　　上到牛脊背视野一下就开阔起来。放眼望去，整个西湖都在脚下，另一侧近处还有保俶塔高高耸立着。除了少数游客，许多本地人也会来这里探险、锻炼。人数更多的是寻找最美景色的婚纱摄影团队，在高高的山脊上，婚纱四处飘荡，摄影师的叫喊声此起彼伏，直到太阳下山，西湖上华灯初上，这里热闹的场面才停歇。

　　千百年前，这光滑的山头一直是求道之人修身、炼丹的圣地，今天倒成了人们寻找最美西湖的平台。从初阳台到牛脊背，短短几百米的距离，好似走过了西湖千年的沧桑变化。唯一不变的是，朝晖一直准时照射在这片山头上。

葛岭抱朴道院

道骨仙风留几分

西湖岸边安静的葛岭上有一抹黄色，它记录了北山曾经兴盛一时的道家信仰，这抹黄色便是抱朴道院。

抱朴道院是杭州最古老、最重要的道家场所，它的历史可以追溯到东晋，相传是著名道士葛洪开创的。葛岭的名称就是取自他的姓，抱朴则来自葛洪的道号"抱朴子"。

寻觅抱朴道院，可以从北山街出发，从葛岭南面循石阶而上。山脚下最先迎客的是道院的山门——一堵黄色的砖石门坊。门坊上一副楹联道出葛洪求道炼丹、初阳台登顶观

日出的重要信息。踏着青石板铺就的山路往山上去，曲曲折折间偶尔有亭子和石刻出现。待到游人气喘吁吁之际，道院的明黄色方才远远地在山林中出现。未进道院，山中石刻已经显示"炼丹千古"的字样。早先葛洪等道家便是在这里炼丹求道，许多炼丹遗迹也散落在道院内外。

步入道院前，一个小院里传来欢快的聊天声，原来院落改成了茶座，招待南来北往的客人。喝茶价格比较亲民，能享山林清新环境，所以本地人常聚会于此。再往上便是要付5元钱才能进入的道院。

道院虽然历史悠久，但因山势逼仄，建筑整体上显得有些局促。可以说是"螺蛳壳里做道场"，虽小却也"五脏俱全"。主殿葛仙殿居中，殿前铜炉一直冒着袅袅青烟。三两个道士打理着道院，还有一位年长的道士专门负责解签。大殿周边被古色古香的建筑环绕，行走在其间，能感受到这山间的清幽。

道院黄色的围墙颇有看头，墙檐起起伏伏如龙蛇舞动，在一片绿色中犹如"黄龙"盘踞，因此有了"龙墙"一说。龙墙之外"半闲草堂"和"红梅阁"两座建筑也充满着故事色彩。南宋奸臣贾似道霸占道院时就在这里寻欢作乐，他和李慧娘的故事就发生在这里，现在红梅阁里还有专门的木刻讲述这一段历史。

沿着迂回曲折的道院探索，后院的山体之下有道院真正的遗迹，可以走木栈道俯瞰。如果再往山上探寻，还有炼丹台、炼丹井、泉水和"葛洪们"吸收日月精华的初阳台。凭这些古迹不难想象当年人们求道的盛况。不过，今天再踏上这片土地，游客、茶客已然是新的主角了。

西泠印社

古典园林今犹在

"保存金石，研究印学，兼及书画"——一百多年前一个顶级的艺术团体"西泠印社"在西湖的孤山上成立了。它是海内外研究金石篆刻历史最悠久、成就最高、影响最广的国际性民间艺术团体，有"天下第一名社"之誉。它的第一任社长是大名鼎鼎的吴昌硕。

更令人神往的是社团在孤山上建园筑屋，将中国古典美学鲜活生动地留在西湖上。西泠印社旧址在孤山西侧，从秋瑾墓一侧进入非常方便。进入西泠印社前，最好仔细阅读平面指示牌。因为社团园林里建筑层叠交替，错综复杂，稍不留神就会走错。与传统中国园

林不同,西泠印社建于小山坡之上。它不像平地上的园林可以"平铺直叙",而是顺应自然山势逐级而建。这也造就了它层叠呼应、拾级可见的独特结构。清末的书画大家们脑洞大开,在山林之间大展其能,把中国园林之美展现得淋漓尽致,使之与边上的皇家园林相比毫不逊色。

参观西泠印社无疑是一次视觉大餐的享用,园林中池、泉、阁、廊、堂、亭、房、楼、塔等层出不穷。每走一步几乎都是另一番天地。喜欢留影的游客从踏进印社第一刻起就兴奋不已,因为逐级而上总有取不完的美景。池塘里红鲤鱼游得优雅,池塘外回廊里游人坐得自在,回廊边屋檐飞得潇洒,楼台外石塔静得如处子。

观景之外,若是好学,这里便更适合你——印社也是学习中国传统美学最好的基地,石刻、碑文在建筑里随处可见,更有国家级的印学博物馆藏于山后。西泠印社领衔的中国篆刻艺术早已经是世界非物质文化遗产。

不管从景观上还是从文化上,西泠印社都是孤山上最值得去的地方。印社作为一个清末开始的团体至今还存续着,堪称美事。尽管文化积淀深厚,普通人不可能一次就看透,但坐在池塘边,坐在碑廊下,又或者注视着经塔、石刻,总能感受到些许文化的气息,这就是印社最大的魅力所在。

中山公园清行宫
皇帝行宫变公园

就在人们行走在白堤之上时,拥有众多古迹遗址的中山公园很可能就和他们擦肩而过了。

时光回溯到清朝。当年康熙、乾隆与西湖边的游客一样喜欢下江南,游"天堂",杭州是他们必到的一站。在杭州,两位皇帝留下众多遗迹,最主要的行宫、御花园就在孤山上,而中山公园就是在这两者基础上建造的,民国时为了纪念孙中山才定名为"中山"。

白堤之上有个牌坊,牌坊上书写着"光华复旦"四个大字。如织的游人匆匆从牌坊下

走过，偶尔有人抬眼看它一下。它的对面就是中山公园的正门，也是所谓的行宫入口。一左一右、一雌一雄两座明代石狮守护在门口。踏入中山公园伊始就能感受到中正的皇家布局，中轴线上有一条长长的步道，尽头的树影之中露出刻着"孤山"两字的石壁。孤字还少了一点，据说是点题"孤山不孤"的典故。在中轴步道两边有甬道相通，甬道通往楠木寝殿遗址，也就是过去皇帝下榻休息的地方；而中间部分是奏事殿遗址，即皇帝的办公场所。遗址之上仅存几个石墩子、墙基，皇家痕迹淡薄，反倒是石壁两侧民国时的石亭子鲜明地对立着。

孤山石壁之后本是"五进殿"，从民国开始改造成了上孤山的石阶，踏着石阶可以爬上孤山。就在上山之际，东侧浮现出亭阁假山、水池曲桥构成的精美庭园，这便是五进殿后面的行宫花园。庭院里一座方形的"西湖天下景"亭子居中而立，据说这是后花园里唯一幸存的完整遗迹，其他的只剩下残垣断壁躺在山上栈道旁。在玻璃罩下，透过玻璃上的树影，游人模模糊糊地看到了当年的"鹫香庭""玉兰馆"。

尽管遗迹残乱，但皇家行宫园林的格局还相对完整地呈现在孤山之上，当年皇家气派可见一斑。许多人在中山公园的山地间"拾起"皇家往事，常有摄影师带着古装少女来此拍摄复古照片，这更让中山公园充满古典气息。

翻过孤山，公园山脊上游客渐渐少了，一个个遗迹却依旧不经意地在路边出现。再往北去，民国的墓地、雕塑、纪念碑接踵而来。下山后，可以看到湖边的中山纪念亭。这仿佛就是一条历史脉络——从清朝的行宫到孙中山的民国，一个革命者推翻了封建王朝，孤山上的建筑也随之"改朝换代"。走一遍孤山，也是一种另类的近现代史的重温。

浙江省博物馆孤山馆区

园林博物在孤山

秋日金色阳光下，一批游客聚集在一座飞檐重重的复古建筑门口，他们正在通过"扫一扫"打印长轴国画书签。每当细长的书签从机器中缓缓吐出时，游客脸上都会浮现幸福的微笑。这里是浙江省博物馆的门口，书签是博物馆送给每个游客的礼物。而惊喜才刚刚开始。

与大部分博物馆相比，孤山上的浙江省博物馆历史要悠久得多。早在1929年它就在孤山上诞生了，那时它叫作省立西湖博物馆。因为有着悠久的历史，浙江省博物馆自然有

着与众不同的气质。从外表上看,博物馆是典型的江南建筑风格,黑色的屋檐和红色的边透露着浓郁的"唐宋遗风",而瓷砖贴面又悄悄告诉你它是现代建筑。1999年秋,位于馆区东侧的浙江西湖美术馆落成,有着江南地域特色的单体建筑从此与逶迤连绵的长廊组合,形成了独特的"园中馆、馆中园"格局,游人奔走各馆之间通常要穿廊,在迂回曲折间领略中国建筑的巧妙。

穿过博物馆西侧的小门,一座中式古典园林映入眼帘。白色的墙上微微泛黄,黑色的屋檐上长着翠绿的草,长方形的石门后一株秀丽的文竹寂寞地待着,方亭子下的石碑刻着满汉双语,园林里有规整的假山,山下鱼池碧绿,山上古朴的石台子依旧完整……这便是"江南三阁"唯一的"幸存者"——文澜阁。它本是乾隆年间行宫中藏《四库全书》的楼阁,今天游人目睹的是光绪时重修的建筑。

与文澜阁形成鲜明对比的是博物馆西侧的西湖美术馆。那是一座哥特式的美术馆,曾是我国第一所高等美术学府——国立艺术院的旧址。它的发起人是著名的林风眠、艾青等人,它寄托着几代艺术前辈"整理中国美术,介绍西洋美术,调和中西艺术,创造时代艺术"的理想和愿望。美术馆内展品以现当代艺术精品为主,和边上的黄宾虹艺术馆和吕霞光艺术馆组成"美术馆铁三角"。精美的现当代美术作品展和博物馆主馆的古瓷以及其他文物构成一个主题鲜明又有着时代传承的艺术天地。

从文澜阁到美术馆,从古典到现代,浙江艺术变迁的长卷就在园林般的博物馆里展开。孤山博物馆之旅从一张国画书签开始,点滴间都是浙江深厚的文化底蕴。

湖滨路

湖滨——永远无法从西子湖畔抹去的地标。所谓「三面云山」，就应该在湖滨的位置张望。进一步西湖山水就在眼前，退一步就是古都市井。几千年来从海湾蜕变而来的西湖城市化从这里开始。为人津津乐道的西湖美景，也是人们——或是帝王，或是名仕大臣，或是八旗子弟，抑或是平民百姓从湖滨的角度打造的。

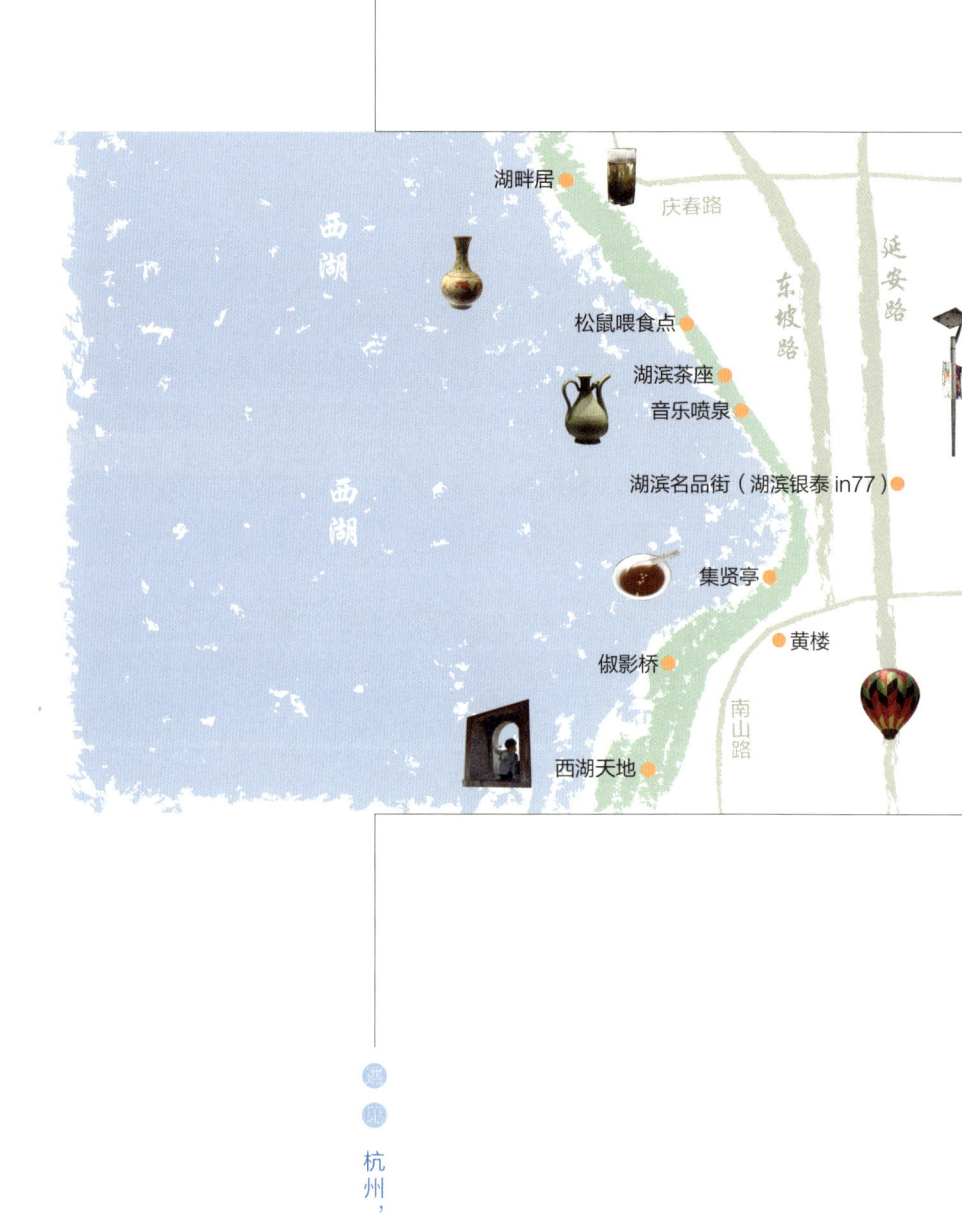

杭州，这座城

湖滨坐享西湖美

坐在湖滨,西湖的水又涌到眼前。湖畔居的露台能看清湖滨的面貌。此时此刻,西湖的风景并未变化太多,但行道树上爬下来的松鼠已经迎来了最好的时期。热情的游客把它们当成了宝,饼干和面包绝对管饱。

居湖畔居之高能望远,坐湖滨茶座之低同样能近观一湖碧波,感受西湖之美。在湖光潋滟的湖滨,静静地品尝一杯西湖龙井,最为惬意。湖滨处,几步之遥能从奢贵、瑰丽到平易、淡然,西湖也可以很便宜地被品味。

再往前,深入西湖的亭子、曲折着身躯的桥——这些中国传统建筑逐渐迎来了新的建筑形式和休闲方式。两座中国式拱桥之内是西湖新的天地。被玻璃笼罩的老房子们散发出新的靡靡韵味,扑朔的灯光里蕴藏着西湖的新消费主义。著名的西湖音乐喷泉都在这几年披上了新技术的外衣,夜幕下格外绚丽迷人,每逢假日这里便聚满了游人。游客们在集贤亭,在俶影桥,在松鼠栖息的树下,在湖滨的茶座上,在游来游去的游船上翘首盼望着灯光、水滴和音乐交织出来的时空。

就在这些欣赏音乐喷泉的游客身后,湖滨的尽头,南山路的头上,一座黄楼里照例飘出悠扬的爵士乐。袅绕在南山路洋楼外的是洋气的音乐,洋楼里洋气的听众喝着洋酒。湖滨用喷泉解读音乐,南山用爵士乐装点楼宇,它们几乎同时进行着,这就是立体的西湖。

湖畔居

欲求好风光,更上一层楼

"湖畔品龙井,人在天上行。"湖畔居是西湖边出名的茶楼,金庸来此品茗后做出这样的评价。

西湖边的湖畔居显眼得很。如果你在六公园闲逛,紧贴湖滨有一座古色古香的建筑肯定会吸引你,那便是湖畔居茶楼。茶楼有着江南古建筑风格,但不是传统的对称建筑,南北各有楼台一座,其间有长廊相连。别致的红色斜坡顶和古典的栏柱齐齐倒映在水中的涟漪里,恍若从中国山水画中走出。

或许因为是景区直属单位，茶楼的位置得天独厚。三面环绕的是西湖云山，背面是湖滨公园。茶楼两边荷叶连天，是绝佳的赏荷处。人们踩着公园小路的石板，吹着垂柳间飘来的微风，走到荷花尽头便柳暗花明地来到茶楼的露天茶座。

露天茶座朝着西湖，坐下之后可听西湖鸟语，可闻湖滨花香，更可观湖面上泛起的点点金波，还有星星点点大小船只荡漾着，可谓"坐看云起时，天际自卷舒"。

这样的临湖茶座自然是高朋满座，几十块的茶资相对于西湖的无限风光也是值得的，只是高峰时人过于多，让茶座显得有些嘈乱。如果要风光更好、环境更安静，不妨到室内坐坐。

室内中式古典家具、中国折扇、朦胧的珠帘无不透露着中国味道。丝竹声声中，正装加身的服务员会引你到极好的观景位。室内茶室点的都是套茶。一套有十几种茶点，一盘盘地端上来，无一重复。从桂花藕粉到江南糕点，无不透着南方的精致。在西湖边，就连最普通的茶叶蛋似乎也能吃出不一样的味道。

二楼露台的位置最佳。这里通常人不多，满湖的秀色尽在眼底。用虎跑水泡的龙井飘起淡淡清香。近处垂柳飘荡，几只不知名的水鸟在湖面上飞舞，一个猛子就在水面上点出一圈圈的涟漪。室外茶座的喧嚣转换成了田园牧歌般的闲适，这才是西湖喝茶应有的雅致。

杭州，这座城

松鼠喂食点
带上饼干追松鼠

"看，来了，来了！"又一批兴奋的游客发现了西湖边最有趣的乐事——喂松鼠。不知从何时起，喂野生松鼠成了西湖边出名的一桩美事。

杭州植被覆盖率奇高，到处都是参天大树，堪称都市里的森林。有树自然少不了野生动物的身影，动作敏捷、拖着一条夸张大尾巴的松鼠就是其中之一。这些年，原本应该远离人群的松鼠，不知何故在西湖边却能和人类友好地共处，成了西湖边的明星动物。西湖边的五公园里还专门设立了松鼠喂食点。在二公园也常有游客喂食松鼠的场景出现。

湖滨路

　　这些松鼠已经摸清了西湖边游客聚集的地方，久而久之自然都集中到喂食点来觅食。说是觅食，不如说是松鼠们在等待食物的降临，只要它们稍一露面就会有一群游客围上来。"来，快下来，快下来。"游客们有的兴奋地呼唤松鼠，有的拿出手机、相机对准松鼠拍摄，还有小孩、女士手拿着小饼干、小面包等着松鼠下来。松鼠们也是见过世面的，见到饼干、面包等美食就"嗖嗖"地从树梢上溜了下来。游客扬起手，把食物送到松鼠嘴边，松鼠熟练地捧起饼干、面包就吃了起来。

　　这个滑稽、有趣的活动现在已经是西湖边的"常设项目"。以至于最近有报道说，游客太多，小松鼠都该"减肥"了。的确，以杭州的游客量计算，这里的松鼠永远不愁吃。对于它们来说，西湖真的是个"天堂"；游客倒也乐在其中。毕竟，现在近距离接触野生动物的机会不多，谁会不爱天生自带卖萌技能的可爱松鼠呢？

39

湖滨茶座
平价西湖的生活

中国只有一个西湖，西湖免费开放，西湖边的餐饮却是奇货可居，不是连锁品牌就是高端餐饮，其中许多店价格高得离谱。只有熟悉西湖的人才能找到平价享受西湖美景的地方。

上海游客张先生像许多上海人那样常来西湖。每次他想要好好享受一下西湖的下午，就会去湖滨路步行街附近的露天茶座。那里有非常便宜的茶喝，位置也不错，唯一需要注意的就是要在一个晴天的午后去。

湖滨路

　　这就是西湖边难得的平价茶座，20多元的茶资在西湖真的很诱人。茶座的木质平台架在湖滨的湖面之上，在大片梧桐树下遮阳伞一朵朵打开，伞下三三两两的露天桌椅摆放着。在温和的阳光下，游客欣然入座。开水把玻璃杯里漂亮的绿色茶叶泡开，绿色的茶叶渐渐舒展开来，身边的湖水温柔地拍打着岸边。游人嗑着瓜子，话题也渐渐天南地北地聊开了。不远处，有游人喂食松鼠。时不时，有手划船从边上的停靠点划出来，慢悠悠地晃到眼前。小船背后就是西湖有名的三面云山。

　　这里没有高档茶馆富丽堂皇的装饰，没有殷切的服务。然而，山高水远，湖阔天青，自有一派怡然自得的畅然。抛开华而不实的装点，西湖边上的平价茶座才是真正享受西湖美景的地方。

湖滨名品街（湖滨银泰 in77）

西湖的奢侈品天堂

　　湖滨贴近市区的部分有一条宽阔的步行街——湖滨名品街。街上行道树高耸，让整条步行街都严实地包裹在树荫之下。若是人少时，漫步其中特别轻松浪漫。

　　湖滨名品街是杭州老资格的步行街，开发得很早，因此在杭州很有名气。过去这里一边是林荫大道，一边是当代骑楼或透明的玻璃房。各大名店遍布这个街区，还有高档酒吧在树荫底下撑开场面，人们也喜欢在这里的树荫底下散步。边上骑楼长长的走廊里总投射

出明暗交错的图案，有着20世纪装饰艺术的风格，美丽的姑娘在长廊里进进出出，以寻找美丽的拍照背景。爱马仕等大牌的橱窗低调而又极具高贵气质，随便哪家店铺门前都是绝佳的照片背景。

　　最近几年这个街区不断升级改造。如今名品街被业主改名为更洋气的"湖滨银泰in77"。这个奢华的街区号称中国第三大奢侈品牌集中地，范围也从湖滨延伸到东坡路、平海路一带，并且与地铁相连。现在最靠近湖滨的区域是A区，再往东靠近地铁站的分别是B区、C区，品牌层级也依次从一线奢侈品牌过渡到二三线潮牌。整个湖滨银泰in77已经是一个成熟的商业娱乐综合体。

　　最值得一逛的还是奢侈品扎堆的A区。这里像是一个被玻璃笼罩的"暖房"，在暖房的大玻璃顶棚下是一栋栋低矮的江南青砖搭建的民居，在温暖阳光的照耀下，各个大牌在江南小楼里争奇斗艳。各个品牌既独立，又在同一屋檐下。来到这里，即使不买什么名牌包包或是衣服，也可以欣赏一下江南小楼，感受这充满了戏剧性和温度的设计，来一场"橱窗购物"，或许也是另一种美的享受。

集贤亭

西湖最美亭

一阵恼人小雨向西湖边飘来,公园里正在赏景的游人纷纷躲进湖中挺立的黑色亭子里。这个独特的小亭子就是西湖有名的集贤亭。

集贤亭建筑本身并不"玄妙",它是最简单的中国亭台建筑,两层高,没有繁复、精致的雕梁画栋,甚至没有可以坐的美人靠。六根光秃秃的柱子撑起高高翘起的飞檐,别无长处。然而它是湖中唯一的亭子,还有短短、瘦瘦的小堤连接湖滨。小堤紧贴着湖面,远

远看去集贤亭好像是漂在西湖上一样。亭子处在一公园荷花池旁，背后则是北山，保俶塔远远地与亭子相对而立，呈现了可遇不可求的美丽画面：前景荷花池，中景集贤亭，远景北山保俶塔，层次分明，意境悠远。

于是小小的亭子成了西湖的一张名片。在汽车站或是介绍西湖的网页上时常能看到夕阳下集贤亭的剪影，集贤亭的照片成了杭州最具代表性的影像之一。每到晴好天气的黄昏时分，都能看到"长枪短炮"聚在集贤亭前捕捉美妙画面。

集贤亭其实是西湖十八景之一的"亭湾骑射"。何谓亭湾骑射？如果你看地图，可以发现集贤亭所处之地正是西湖湖湾。而骑射是指清朝时八旗子弟在这里练骑射，传说原来亭子里还有乾隆亲题的御碑，乾隆下江南阅兵也在此处。

物是人非，现在湖滨早已没有八旗子弟和御碑，集贤亭也多次倒塌重建。好在如今站在荷花池边还能看到那个漂在湖面上的美丽亭子。

俶影桥

曲折之间看三座房子

俶影桥是西湖上少有的曲折而行的桥,但它始终不是西湖的"一线明星",和其他名声在外的景点相比要冷僻些。

在俶影桥及周边走一走也有不少乐趣。俶影桥其实已经入了西湖的南山区域,一入南山区域,沿湖的小楼也就多了起来,在前往俶影桥的路上就有两座小楼矗立在湖边。

若是从一公园往南走,会先看到一座黄色洋楼。这座奶黄色的洋楼左右三开间,门口有正方形的门廊,平时大门总是紧闭,偶尔有大爷、大妈在门廊下摆开牌桌打牌。据说洋

楼内装饰考究,有大理石的楼梯、精致的木门、细腻的石膏线脚。洋楼叫作澄庐,是民国时中国第一家钢铁联合企业汉冶萍公司总经理盛恩颐的别墅。有介绍说楼里有舞厅,三层还有露台,西侧有一精致花园,欧式石柱犹存,东南侧有一欧式大草坪。游客最容易看到的还是它朝着西湖的阳台。阳台曲折之间还有一道漂亮的弧形,造型极为别致优雅,窗户上铸铁栏杆花纹繁复精致。这些都透露着当年主人不凡的身世。事实上,它还曾经是蒋介石在杭州的行辕,蒋介石与宋美龄在这里度过蜜月,"西安事变"后蒋也选择在此疗养压惊。据说1937年,蒋经国就是在这里与蒋介石重归于好。

　　告别故事颇多的澄庐,再往前就是俶影桥,在俶影桥的桥头有一座黄色洋楼矗立着。这也是一座民国建筑,但详细历史却难以寻觅。洋楼紧贴着湖滨,黄色的外墙有拉毛的装饰,棕黄色的木条勾勒着边框,尖尖的屋顶下装饰着许多蓝色木条。浪漫的欧式洋楼好似"天外飞仙"般坐落在俶影桥的桥头。这个浪漫的洋楼已经成为西湖边著名的餐吧"揽月楼"。在餐吧的湖滨露天座上能把俶影桥看得真切,边上的树上还常有松鼠造访。这里每天都不乏善于发现的人,他们坐在这里喝咖啡、看风景。

　　揽月楼之外便是曲曲折折的俶影桥。桥仅高出湖面一点点,桥面打了好几个折。桥外侧有低矮的石栏可依靠,内侧却没有石栏,稍不留神还真有可能掉落西湖。桥东侧的湖滨上是第三座建筑——大华饭店。草坪上杨柳扭着身姿,杨柳树后大华饭店的大玻璃窗清晰可见,只是不知道谁在窗后坐着。大华饭店有着中西合璧的容貌,飞起的檐角下有欧式的拱门和石栏。这个饭店也是民国"遗物",曾经接待过毛泽东、周恩来等老一辈中国领导人。

　　大华饭店前的俶影桥依旧妖娆,夕阳下西湖波涛就在桥下泛着金光。金光里一个个垂钓的剪影构造了中国味十足的画面。人们争相走上桥看桥外的风景,桥外的揽月楼和大华饭店里也有人在看风景——俶影桥和桥上看风景的人。

西湖天地

活色生香新西湖

西湖天地紧邻涌金池，在两座彩虹一般的拱桥之间一个新派的亲水园林区呼之欲出。

这片土地的开发者瑞安集团正是上海新天地的开发者。上海新天地的精髓在西湖边被复制了，开发者在传统园林、民居建筑的基础上用现代休闲理念重新包装，打造出新时代中西合璧的西湖休闲生活。

跨过高高的石拱桥，一片绿树中的园林迎接着新老游客。十几栋建筑全部是杭州历史民居，结构没做太多改动，白墙黛瓦、檐角雕花、九曲长廊等杭州老建筑元素都被完好保存。

湖滨路

"旧瓶还在，新酒已经装了进去。"在树林深处，石板路旁老建筑被装上大块的玻璃幕墙。斑驳的绿色映在老民居的玻璃上，透过玻璃隐隐约约看到的都是新时代的休闲景象。开阔的院子里，露天桌上飘来咖啡的香味。西湖波涛边上，玻璃墙里呈上了新派私房菜漂亮的"色相"。休闲的咖啡吧以及新潮的酒吧、餐厅入驻老房子，变化出新西湖的生活方式。

夜幕降临，西湖天地的树木都发着银光，店铺的LED灯投射出夜生活的亢奋，西湖的湖水照旧温柔地拍打着岸边，而西湖天地的新做派早已重塑了西湖的夜生活。在餐厅的餐桌上、酒吧的吧台上，闪烁的灯光孕育着西湖天地的欢乐高潮。初次前来的游客被灯光吸引着前行，看看树木里飞流直下的银光，看看幽暗花园里悠然自得的食客，看看高墙大屋里神秘的会所。最终他们也禁不住步入某个院子、某个酒吧，和西湖的点点夜光来一次约会。

杭州，这座城

黄楼
南山路的老牌爵士乐

"去南山路黄楼听爵士乐吧。"杭州资深的爵士乐爱好者常常以黄楼作为相聚的地标。黄楼，这家南山路头上老房子里的爵士乐酒吧经过十几年的积淀，恐怕已经是爵士乐在杭州的地标。

2005年11月，在西湖边南山路的梧桐树下，一座黄色洋楼迎来了它第一场爵士乐表演，自此西子湖畔的一段爵士乐传奇拉开序幕。这座风格独树一帜的洋楼在南山路柳

营路的转角上,楼如其名,整栋建筑裹着黄色的外衣。黄楼突出的门廊、铸铁花纹的窗户、小巧的阳台无不显露着欧式别墅迷人的小细节。它本身出于名门——20世纪光复会、同盟会元老,近代中医大家裘吉生先生的府邸便是此楼,而相邻建筑就是他创立的中西医并存的三三医院旧址。

时光流转80多年后,医院变成了爵士乐殿堂。夜幕中,巨大的"JZ"字样灯箱在阳台耀眼地亮着。八九十年前人们来这里求医,今天人们纷至沓来求"乐"。打开高大厚重的大门,黄楼的模样并没有大变。共有两层楼开放着,底楼正中有一个小舞台,刚好可以容下一支小乐队,舞台前摆了四五张桌子,大门的边上有旋转木楼梯通往二楼。二楼中间是挖空的,形成一个"口"字形。四周铸铁大窗一扇扇并排而立,窗外树影婆娑。抬头一望,洋楼的斜坡屋顶一目了然,天花板上还有树叶花纹,好似屋外的梧桐长到了屋里。

因为二楼的中空设计,底楼的舞台虽小,但挑高却有三层楼那么高,让爵士乐手的歌声能飘荡在整个酒吧。在这个舞台上,1 000多位音乐家留下了他们的身影。在黄楼慵懒的沙发上和昏暗的灯光下,无数听众度过了一个个美妙的夜晚。对音乐执着的同时,作为酒吧,这里也始终坚持出售高品质好酒。除此之外,黄楼还拒绝扑克、骰盅、猜拳等与爵士乐酒吧格格不入的娱乐游戏。因此,来这里的人目的都很单纯,只为听一曲正宗的爵士乐。

最近几年,南山路酒吧经历了大规模的洗牌,过高的房租让很多酒吧都难以维系,而单一爵士乐主题的黄楼能坚持到今天可以算是一件令人欣慰的好事。十多年来,黄楼不仅仅是一家爵士乐俱乐部,它主导的音乐活动几乎每年都会在杭州引起不俗的反响,逐渐地,黄楼已经成为杭州音乐文化的一个重要符号,至今都可以在它的豆瓣账号下看到有外国音乐人留言争取在黄楼演出的机会。

在商业大潮席卷下的西湖畔,黄楼独树一帜且坚韧地生存着,让许多音乐家和听众能找到舒服的地方共享音乐的美妙。近年黄楼还办起了爵士乐课程,让更多的人可以在这里找到音乐的快乐。当你踏入那扇黑漆漆的大门,在桌上微弱的灯光下,在美酒夜光杯的陪伴中,这个属于爵士乐的夜晚注定是人生一次全新的体验。

杭州，这座城

音乐喷泉
西湖边的声光电经典

晚饭后，在西湖边游玩的人们不约而同地往三公园走，这时的湖滨围起了铁栏杆，一众保安在现场维持秩序，若是去得晚了有时还会被拦在公园外。如此兴师动众只是因为夜间的音乐喷泉就要上演了。

音乐喷泉的位置很好找，大约是在著名的湖滨名品街北，沿着步行街往平海路走就能看到。音乐喷泉对于西湖来说也不是新鲜事物，早在 2003 年就出现了。早年间音乐喷泉

相对简单，而且白天也喷。当时演出频率几乎是一小时一场，这也导致装置损坏率很高。最近几年音乐喷泉小修小补不断。此外，因为没什么特别之处，音乐喷泉一度沦为西湖边的"鸡肋"。

直到 2015 年，音乐喷泉迎来长达半年多的升级改造工程。整个音乐喷泉迎来革命性的变化，引入了多种最先进的喷泉技术，同时引入声、光技术，形成了最先进的灯光音乐喷泉秀。灯光的引入使得音乐喷泉秀只能在晚间进行，每晚 7 点和 8 点各一场，时长 15 分钟左右，每场秀有 3 首歌配合。

现在，每当夜幕降临，音乐喷泉外就会聚集起看秀的人们。在乐曲声中，喷泉随着节奏变换身姿，时而冲天一射，时而低回婉转。新装置的喷头能让喷泉 360 度旋转喷射，还能创造各种水柱形状。于是喷泉有时像一阵雨雾一样神秘，有时像一道瀑布一样雄壮。每次表演，各种高低起伏的形状，配合着水下 LED 灯射出的多彩灯光，再加上巧妙的音乐应和，让观者叹为观止。以至于每次间歇，都有游客忍不住问：结束了吗？只有当音乐喷泉秀真的结束后，人们才依依不舍地从湖边散去。

毫无疑问，现在的音乐喷泉已经成功蜕变，成为西湖边的经典演出。坐在湖边，吹着西子湖畔的微风，欣赏一场高品质的灯光音乐喷泉秀，应该是夜游西湖最惬意的活动了。

这是一条充满艺术气息和小资情调的路线。南山路上走九遍,每一遍都有新的感受等着你。

杭州，这座城

南山路上的小资杭州

从中国美术学院开始，林风眠、潘天寿这样的艺术大师便和南山路结了缘。这里是中国现当代艺术一个重要的发祥地。美院门口的落叶细腻地铺落在这条艺术街道上。艺术书店、美术馆和可爱的小咖啡店围绕着学院。

神奇之处还在于一栋栋洋楼里有无穷的秘密等你探索。这扇门后是漂亮的设计品店，走入另一扇门是大师的旧居，再到对面楼里看看，是一家老资历的书店。随便走走、书香、咖啡、艺术系的学生，一切都充满着诗意。

跨过南山路来到西湖边，清新的风景出现在眼前，久远的故事浮现在脑中。如果你好奇历史沉淀中的西湖，边上就有现代派的博物馆能满足你的好奇心。西湖的山水、故事、人文尽在这个玻璃房子里。

走出历史，真的西湖还在岸边。公园里，柳树打着浪，黄莺唱出春天的气息。不远处，弯弯曲曲、起起伏伏的长桥上人影穿梭。山、湖、亭、塔，无论怎么看都那么令人陶醉。许多人就爱静静坐着，等着西下的日光照着雷峰塔金色的宝刹。一个个故事浮出了水面。这塔无论是倒，还是立，都是许多人关注的焦点，有太多联想能装满你的人脑。只有暮色能掩埋它，让心灵安静。远处又传来净慈寺的南屏晚钟，仿佛又回到了"下江南"的时代，古风犹存。

杭州，这座城

中国美术学院南山校区及美术馆

和美邂逅

1928年，蔡元培在西子湖畔建起第一所综合性国立高等艺术院校——国立艺术院。中国著名的油画大师林风眠为首任院长。它就是现在的中国美术学院的前身。

近百年间，中国美术学院随中国历史一起沉浮。几乎大半中国现当代画家都与这所院校有过交集。除林风眠外，潘天寿、吴冠中、黄宾虹、刘开渠等大家都是中国美术学院的校友。

风雨之后，今天再来到杭州南山路218号，中国美术学院依旧气度不凡地屹立着。虽然时近深秋，南山路的梧桐还是茂密地遮挡着视线。唯有美院门口空出一段让人们可以一目了然地看到美院的高大玻璃顶棚。玻璃顶棚下是两层十几级的阶梯，阶梯上竖立着高大的广告牌，广告牌上都是学院最新的活动。

学院可以自由出入。尽管近年来象山校区更受欢迎，但南山校区也有着自己的特色和不俗的人文内容。在校门口拾级而上，可看见学院正门的大堂，头顶上微微拱起的钢梁结构玻璃棚有着硬朗的现代感，而两边的教学楼依旧是传统青砖铺面，爬山虎爬满了校舍。同样爬满绿叶子的是大堂里民国时期立的"国立艺术院"石碑。

再往学院深处探索，现代设计感越发强烈。黑色边框始终勾勒着横平竖直的几何图形，透明玻璃配合曲折的大理石栏杆和圆形石墩，构成大堂里别致的建筑景观。大堂尽头弧形的水池像护城河一样依偎着校园，红色鲤鱼在池水里游弋，绿色荷叶亭亭立起，池子里还放有奇怪的金属艺术作品。

  南山校区并不大，但仔细寻找还是能发现许多艺术细节。走着，走着，时不时就有仿古的雕塑悬在校舍的外墙上。在宽阔的草坪上，学院前辈大师的雕像矗立着。

  在学院南侧，一座隶属于学院的美术馆可以免费参观。这座现代化的美术馆外观依旧延续了学院的建筑风格，外墙大部分是青砖，中间大门则采用玻璃幕墙和钢结构，历史和现代交错。美术馆北面是一家艺术书店，书店结构是狭长型，宽度仅有2米左右，长度却足足有五六十米。内侧的墙全部做成了两人多高的书架，琳琅满目的艺术类书籍铺陈在长长的书架上，非常诱人。书店还供应简单的饮品，随时可以坐下来边喝边阅读。

  在美术馆的南侧还有一个小小的咖啡馆，咖啡价格很亲民，也有大书架。从美术馆外看，咖啡馆高于地面一层，像是悬浮在街面上。咖啡馆外有几张露天座。树叶时常铺满露天座周围的地面，很是浪漫。这块区域就是南山路艺术街。周围的书店、画廊很多，常有艺术院校学子款款而行。

  在梧桐下，南山路的艺术气息弥漫。静静地坐在露天咖啡座上，一想到民国时候"林风眠"们也曾这样度过，便无比惬意。

南山路 雷峰塔

Store 敦品·设计店
学院的艺术生活化

  在美院美术馆与潘天寿纪念馆之间，有一栋不是很起眼的民国老楼。它原来是对面著名的南山书屋的一部分。2016年7月，它发生了一次有趣的转变——"Store"招牌被钉上墙面。

  当然，在高雅的南山路，它绝不可能是普通的便利店。恰恰相反，它是美院旗下高端设计品牌"敦品"的实体店。店铺货品从家居用品到饰品、服装、工艺品均为创意产品，有的甚至堪称奢侈品。用美院自己的话说：这里贩卖的是"生活艺术化，艺术生活化"。

打开老楼的木门,敦品给人的第一感觉是闪亮和丰富。房间里灯火通明,明亮的灯光下几十件"作品"安静地躺着。必须称它们为作品,因为仔细看你会发现里面不乏ALESSI、VITRA、三宅一生这样的国际知名设计品牌。面对它们,顾客们拿出最认真的态度端详。他们发现,一个看似简单的鸟鸣壶也有可能是美国著名的后现代主义设计师设计的收藏级作品,而另一个水壶则可能是后现代艺术作品中的巅峰之作。

除了这些外来的高级设计品,更多的是美院自己的作品。从手袋到碗碟再到文具,都能找到美院的元素——院长许江的"东方葵"系列、学院建筑风格系列、包豪斯艺术风格系列……美院深厚的底蕴在这里被挖掘出来。尤其是遍布店铺的布袋,既便宜又充满了美院的设计感。

店铺的功能不止是售卖设计商品。走到二楼,一半楼面排满了整齐的白色小椅子。这里会举办各种文艺沙龙活动。在一楼,一个角落里还有一个功能齐全的咖啡吧,小黑板上画满了后现代感的涂鸦,坐下喝一杯咖啡,能尽享南山路的文艺情调。

南山路　雷峰塔

南山书屋
民国楼里的淘书乐

　　南山书屋是杭州的老牌独立书店，它并非民营，而是美院自己的产业。原先它就坐落在南山路美院旁的老楼里，也就是现在 Store 敦品·设计店所在的楼里。"楼上是美院出版社，楼下是书屋，经常可以遇见教授们。像舒传曦教授，常来走走转转翻翻书。在这个咫尺天地，大家的内心感觉到宁静，也能通过阅读得到一些新信息。"美院院长对老的南山书屋充满了回忆。

但后来南山书屋命途多舛。2012 年，美院出版社搬到了象山校区，因为面积不够，书店停业了两年。2014 年重新开张，但不是开在人流量大的商务区，而是开在美院南山校区里面，知道的人不多，学校外的人想去一趟也不方便。

2016 年，南山书屋又回到了南山路上，还是在潘天寿纪念馆边上，只不过换到对面一幢楼里。新的南山书屋格调依旧清雅，书屋里大大的书架是当仁不让的主角。墙边除了留出窗户的位置，其余全部被书架填满，房间中间也摆上了书桌式的书架。就连一楼通往二楼的阶梯两边也塞满了书，一个个草席垫子就在楼梯上靠墙放着，取了书，可以直接席地而坐。整个空间好似"垒书成墙，叠卷为山"。

书屋的灯也是亮点。复古的"灯笼"或高高悬起，或低落地面，大块的镜面还反射着它们的光芒，空间陡然"变大"。书架上，每一格都有顶灯照亮，光线正好打到书上，让每一本书都清晰地呈现在读者眼前。

二楼中间的位置有十几张拼起来的长桌，可同时容纳二十多人。旁边还有咖啡操作台，供应蛋糕、咖啡，让人能坐一下午。就在人们愉快阅读的时候，铸铁窗的窗台上有一株绿竹被顶灯照亮，像阅读者那样安静从容。

南山路 雷峰塔

钱王祠

一代钱塘之王

如果打开杭州的地图，可以看到钱塘江的河道在六和塔附近变得特别曲折。这里流传着"钱王射潮"的传说。传说当年钱王要治潮神，在江边安排万名射手，万箭齐发射潮神，于是潮神到了六和塔附近就开溜了，再也不敢来了。此后钱塘潮水到了六和塔附近就偃旗息鼓，而且江水开始曲折而行，像一个"之"字。之江的名字由此而来。

这个神奇传说中的钱王就是在江浙历史上有着深远影响的吴越王钱镠。说来也奇怪，吴越王只是唐到宋之间的番邦国王，可在江浙钱塘一带最让人敬仰的就是钱王。钱王的功绩很大，他对江海湖治理得力，同时在乱世中始终效忠中原主国，几乎未动干戈便保了杭州一方平安。钱王时期吴越国国泰民安，生产力大增，这给中国经济南移打下扎实基础。

钱王如此功高，后世人自然不会忘，早在北宋时期西子湖畔就有祠堂纪念他。今天你在柳浪闻莺公园里看到的钱王祠，正是在北宋遗址上重修的，只是在上千年历史中大部分建筑都已经消失，只有一个八字门是当年的遗迹。

在柳浪闻莺公园的柳树掩映中，一个个牌坊引人进入祠堂。牌坊下长长的青石板路宽阔、大气，石板路尽头目光炯炯的"钱王"在荷塘前站立。钱王身后柳浪闻莺里的功德坊和八字门气宇轩昂地宣布山门已到。

跨过古老的八字门，最先看到的是全铜的献殿。三重深沉的紫铜色屋檐和风中叮当作

响的风铃带来浓郁的宋朝遗风,献殿两侧碑亭、堂楼矗立。石碑上歌颂钱王的文字已经模糊,堂楼里的壁画倒是清晰可见。钱氏三代五王的重大历史事件都能在壁画中找到。

祠堂里最恢宏的建筑是五王殿,钱家的五个王一一高坐其中。与这庄严殿堂相映成趣的是祠内的一座古戏台,它位于阅礼堂内,每天有越剧、昆剧、评弹等演出。这里是游客最喜欢逗留的地方,南来北往的人总要听上几出戏剧才肯离开。而在依光堂里,声、光、电被调动起来讲述钱王的故事。

在古典戏曲和当代声、光、电的配合叙述中,钱王又被游客记起。他们本不应该忽视这个姓氏,这是一个与中国命运息息相关的家族——钱基博、钱穆、钱钟书、钱伟长、钱玄同、钱三强、钱学森……这些都是钱王的后代。当你瞻仰那个钱王雕塑,以为历史就此远去时,其实他的后人正在改变中国甚至世界。

杭州，这座城

西湖博物馆
西湖山水一馆中

在古色古香的西湖岸边，西湖博物馆是个独特的存在。

它的存在感首先来源于它现代感十足的建筑。整个建筑 2/3 是在地下，而暴露在地面上的部分又全都是钢梁结构和玻璃幕墙。现代的外表在西湖岸边独树一帜，逐渐下沉的方式把大部分建筑融入地下，这样一来，现代建筑的摩登气息能更好地化解在西湖的古典主义中，同时又给游客一种慢慢进入西湖内部的体验。这种设计不禁让人想起了巴黎卢浮宫前的玻璃金字塔。

　　这个现代感十足的博物馆建于 2005 年。除了陈列展示，它还有西湖学研究、文献资料搜集整理的文化层面功能。而对于游客来说，这个现代建筑和建筑里现代技术打造的陈列能清晰、生动地展示西湖的山水和人文，一个活生生的西湖上下五千年跃然眼前。

　　西湖博物馆展厅包括序厅、西湖概况、西湖历代浚治与景观的形成、西湖题名景观、西湖文化、精神家园六大篇章。走进西湖博物馆，不仅能看到西湖独创的山水景观组合和丰富的历史文化遗存，更能用全新的视角去体会景观背后深厚丰富的文化积淀。

　　序厅里巨大的西湖沙盘夺人眼球，每个游客都能在这个沙盘上找到自己喜欢的西湖。在一棵高高耸立的大树旁，西湖的小动物们欢聚一堂，让孩子们大开眼界。再往里，新奇的展示招数越发多了起来：高倍显微镜下是西湖的水；水晶球里是西湖的石；古画里的西湖十景和当代照片里的西湖十景对比着出现；影院里运动的水墨丹青演绎着西湖白蛇的故事⋯⋯

　　最令人惊喜的是参观之余还能获得一些独特的纪念品。参观者可以自己动手印刷西湖十景和其他遗存的雕版，甚至可以自己动手挥毫泼墨，画出自己心中的西湖。

杭州，这座城

柳浪闻莺
西湖最好的散步地

看着柳树枝在春风里荡漾，听着黄莺在枝头鸣叫——这是怎样的场面？它应该出现在南宋的御花园里，或者今天的柳浪闻莺公园里。

南宋时柳浪闻莺公园是当时京城最大的御花园，名叫聚景园。到明代中期御花园败落，只剩下柳浪桥、华光亭两处破旧陈迹。清中期逐步恢复柳浪闻莺的旧景，而到近代，柳浪闻莺又败落下来，直到中华人民共和国成立后才逐步恢复原貌。

柳浪闻莺是杭州本地人更乐意去的"西湖"。公园东南面有露天舞场，早晨这里是爱

南山路 雷峰塔

运动的杭州人晨练的好去处。到了夏季,这里又成了纳凉的"夜花园",常有歌舞、戏剧、电影、灯会出现。

公园中部有闻莺馆,人们纷至沓来,寻找柳浪闻莺的感觉。烟花三月,闻莺馆东面,粉色樱花陪伴着绿柳,绿色中一抹鲜亮的粉色十分惊艳。边上朴素的"日中不再战"纪念碑就在这亮色中矗立着,告诉人们樱花缤纷背后的历史。当粉色扮靓柳浪之际,西侧的草坪上一顶顶帐篷正沐浴在春光里。草坪之外就是柳条飘荡的西湖岸。往东走,碑亭、乔木林、池塘交错出现,它们与草坪、柳岸组成了生动而又层次丰富的园林景观。

这里最美是阳春,绿柳笼烟,柳条化作嫩绿的丝飘荡在春风中,更有娇艳春花装扮。妈妈们带着孩子来这里踏春。孩子们捕捉空中的蝴蝶,在池边捉小鱼、小虾。摄影师拿着相机记录春光。温暖的阳光下,阵阵春风吹动柳丝,也撩动了人们的心。

杭州，这座城

长桥
坐看长桥人流，回想古老爱情传说

"长桥不长，断桥不断"——两座有趣的桥充满了故事。

在西湖东南情意绵绵的湖水上，迂回的长桥寄托着很多人对西湖的眷恋。这个短短的长桥有着悠久的历史和说不完的故事，其中最有名的是两个爱情故事。一说梁祝十八相送到此饯别，在桥上来来回回走了十八里路，祝英台以物寓情打了十八个比喻，是谓"路长桥不长"；另一说南宋布衣王宣教与陶师儿自由恋爱，为陶后母所阻，在长桥荷花池头双双殉情，桥下新开两朵玉芙蓉，后来长桥也叫作"双投桥"。

据考证，长桥在宋代确实"长"过。当时桥有一里（500米）多长，有三个桥洞。如今的长桥已经不是当时的长桥了，它是21世纪初的作品，主题是"双投"的故事，已经没有原来长桥的功用和样貌了，但是杭州的老百姓还是习惯称它为长桥。

这新的长桥大部分贴于水面，离开岸边也就几米。它时不时迂回一下，好似要印证"双投爱情"的曲折。桥面上有两个小巧的桥洞，微微拱起，高于水面。在北侧还有一个傍水的小亭，叫夕影亭。

小小的拱桥和秀气的亭子设计得巧妙，有着中国画的意蕴，一下让湖面生动起来。最好是在南山路看它，平直的桥面和低低的桥拱、高高的亭有着奇妙的反差，相映成趣。观夕影亭，最好是等到夕阳西下，斜阳里远处的雷峰塔闪着金光，近处的长桥已是轮廓清晰的剪影。最妙的是穿着长裙的姑娘在桥上款款踱过，风吹起裙角，好似又一个夕影亭的檐角。

晴好的傍晚，这美丽的画面总会吸引人们驻足观看，或是亲自上桥走走，享受这别有韵味的夕影。美景当前，许多人早已忘了长桥忧伤的爱情故事，在桥上掀起裙角的姑娘早就沐浴在自由恋爱的阳光中了。

杭州，这座城

雷峰塔
多层文化的雷峰塔

　　雷峰塔恐怕是西湖边最有名气的建筑之一了，从白娘子的雷峰塔到鲁迅的雷峰塔，雷峰塔在各种文化层面上被中国人熟知。几乎每一个到杭州的人都要去看看雷峰塔。

　　看雷峰塔有两种方法。一是在远处眺望高耸的塔身。塔的意义不就是远远能望到，并感叹两声吗？另一种是进入塔内。在今天的中国，许多塔是不允许入内的，尤其是古塔，但雷峰塔能进，而且每天都有大量的人进去参观。

南山路 雷峰塔

　　雷峰塔虽然历史上古已有之,但今天的雷峰塔却是不知多少回倒下后重建的作品。当然,风貌、格局依旧是复古的,甚至是历史上最辉煌的。当你真正站到塔下时就能有深刻的体会。

　　站在塔下,台基大得令人吃惊,台基上有数十级台阶。先进的扶手电梯让登塔这种辛苦事变得悠然。在扶手电梯上,看着汉白玉栏杆和烂漫的鲜花慢慢向后退去,五层楼的高大塔身徐徐前来。

　　宝塔外观堪称金碧辉煌。各层屋面都覆盖着铜瓦,每个转角处设铜斗拱,飞檐翼角下铜制的风铃叮当作响。最顶上十几米长的塔刹在阳光下闪着耀眼的金光。

75

与金碧辉煌的外观比起来，登塔的风光也毫不逊色。新雷峰塔各层都搭建了观景回廊，西湖山水美景和杭州城市繁华尽在游人的远望、近看之中。作为西湖南线的制高点，举目四眺，碧波荡漾的西湖、秀美端庄的汪庄、初见轮廓的南线新景点、绿意葱茏的湖心三岛一览无余。

与豁然开朗的观景回廊相比，塔底的世界要闭塞和深沉得多。打开一道沉沉的大门，塔底层就出现在人们面前。门里是古塔遗址，是真正的古迹。上到台基二层，可以看清遗址的模样。整个遗址被玻璃包围着，玻璃罩里一块块塔砖残破地垒砌着，墙下是起伏的土堆。那样子只能用残垣断壁形容。自然光透过顶部的玻璃东一块西一块毫无规律地照着，一盏盏射灯则精准地照射着还能一看的地方。土堆上遍是游客丢进去的硬币。无论如何，从遗址中已经无法看出雷峰夕照的样子。

实际上这才是真的雷峰塔。自从明朝一场大火以来，人们欣赏的就是只剩塔砖的残塔，它虽然残破，倒也和"少女般的保俶塔"相映成趣。而1924年的倒塌，更被赋予了无穷的政治、文化象征。这就是雷峰塔，烧了、倒了、新了，从钱弘俶到白娘子、法海，从张岱到鲁迅，一层又一层的文化内涵包裹着它，无论它在与不在，都是西湖边最重要的人文景观。

南山路 雷峰塔

净慈寺

南屏晚钟和济公运木

当游客蜂拥到雷峰塔下时，对面的一座庙宇倒是非常清静。这座庙宇便是净慈寺。

人们总是容易记住雷峰塔、灵隐寺，却淡忘同样重要的净慈寺。每天，寺庙里都会传出空灵的钟声，那可是著名的"南屏晚钟"，也是西湖十景之一。净慈寺是西湖的四大古刹之一。五代时笃信佛教的吴越国王钱弘俶为高僧永明在南屏山下建起这座寺庙，至今已有1000多年历史。

背对着雷峰塔,南山路上的净慈寺门前非常宽阔,两棵大树分立两边。人流比雷峰塔少得多,这让环境更显清静。大树下一座碑亭挺立着。碑亭是仿古的,而依据的便是当年康熙御题"南屏晚钟"的史实。南屏晚钟今天还能听到,进大门后就能看到钟楼。南屏晚钟曾经消失在历史长河中。清末寺庙的铜钟遗失,钟声也就此沉寂,直到20世纪80年代在日本佛教界的捐助下,一口重1万余斤的铜钟才又在钟楼敲响。铜钟上刻有6万余字的经文,每敲一下,余音达2分钟之久,可谓余音袅袅。每天早晨4点和晚上8点,铜钟都会敲响。如果你细心数一下,会发现每次正好敲108下。

过了钟楼便是庙宇第一间大殿。寺庙格局严谨中正,建筑大都气宇轩昂。因为山势抬起,最后的殿宇已经淹没在绿山之中。

寺庙金碧辉煌,却毫无违和感,更无很多新建庙宇的奢靡之气。寥寥香客虔诚上香,清静佛堂里鸟鸣声声。只有旅游团踏足之后才有一些喧闹的声音。

最高处的释迦殿宏伟、高耸。大殿底下竟然有一个佛家的美术馆，美术馆不定期布展一些佛学艺术品，有两件看家宝物一直在此陈列。一件是一棵硕大的沉香，遒劲沧桑地立于灯光下，据介绍已经结香六七十年。另一件是重建释迦殿时挖出的宋朝"慧日峰"石刻，为了保留石刻原貌，释迦殿向南移了13米。

净慈寺另一个重要传说是济公和尚在这里用水井运木，熟悉济公传说的人对这个故事都不陌生。在寺庙的偏院里果真还有济公的庙堂，庙堂前留着那口神奇的水井，许多人都会在井边张望，看看是否有木头出来。

净慈寺视野最好的地方是释迦殿的平台，在离开寺庙之前一定要来这里眺望一番。眼皮子底下是两进庙宇，黄色的琉璃瓦屋顶在阳光下闪着光芒。远处一团团山林中间黑色的雷峰塔高高挺立，再远一点依稀有泛着波光的西湖。如果再有一些钟声传来，那感觉就再好不过了。

苏堤
杨公堤

西湖的美大部分其实都是人创造的。在风波镜涛的西湖上，横跨湖面的两条长堤就是先人在西湖上最卓越的创造。西湖在历史上曾告淤塞，西湖的成长历史伴随着不断的疏浚。每次大规模疏浚都是西湖的一次华丽转文，其中最华丽的两大篇章就是苏堤和杨公堤。它们是西湖历史上两次伟大的工程，奠定了现代西湖面貌。后人永不忘创造者的功绩，他们的名字永远留在长堤上。

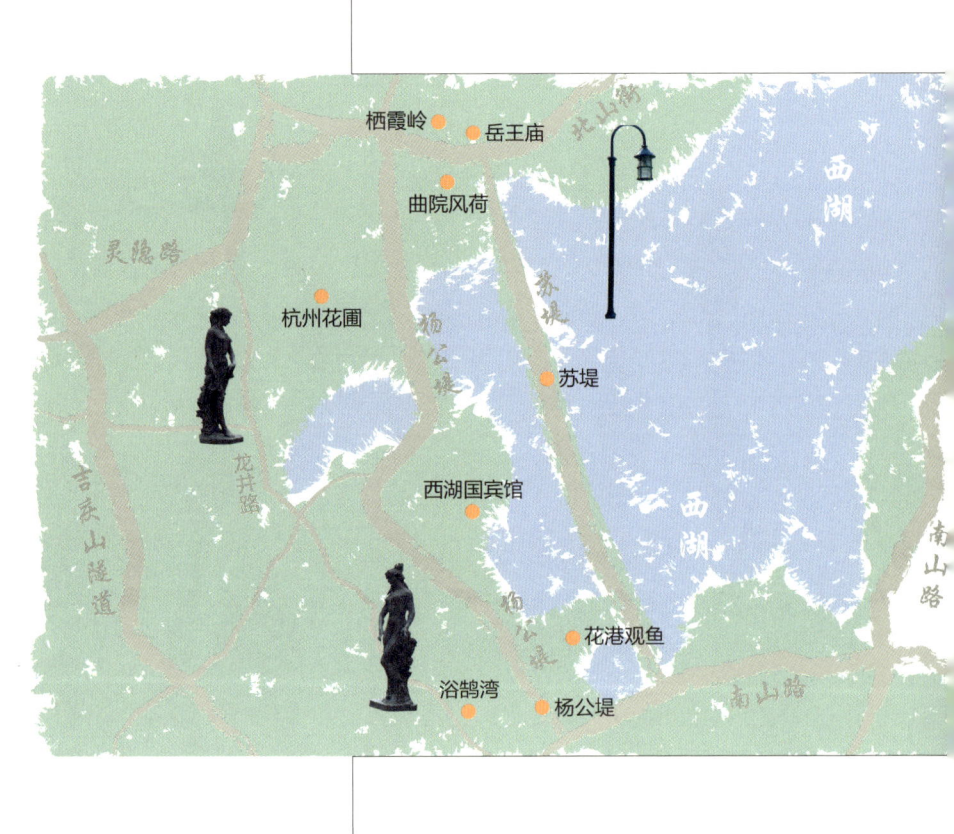

杭州，这座城

苏杨有功美景留

春眠不觉晓时，苏堤带来春天的讯息。柳条在春风里飘荡，阳春桃花粉面示人，一座座优雅的小拱桥在长路上拱起光滑的"背脊"。站上去眺望，"三山一湖"就在眼前，小舟荡漾着穿过桥洞。

更宽大的杨公堤藏满了西湖隐秘的风景。人潮流向花港观鱼、曲院风荷，一南一北撑起杨公堤的场面。就在不远处的树林里，其实可以找到浴鹄湾这样僻静的小湖。武状元坊下太极拳正打得火热，边上的湖畔大学或许还能看到"马云们"的身影。

慢慢行走在三台山草坪和绿苇荡编织的湖光山色中，直到闻见茶馆里的清香才算完美。在一众低调的风光里，国宾馆撩起神秘的面纱。在宾馆的茶居静坐，整个苏堤都好像为你一个人绽放春天的灿烂。比这里更有春光的地方也许藏在不远处的花圃里，漂亮的喷水池、欧派的雕塑、遍地的花卉与水草芳香的湿地融在一处。踏过水道还有几乎无人问津的第三条堤平静地躺在绿野水地间。古老的木宅透着古雅的微光，刚好照到小小的石桥上。

双堤北面岳王静静地埋葬在北山脚下。汹涌而至的人流到此一游，为见证精忠报国的奇冤得雪，又或者为能在墓前唾弃一下"秦桧"。只有爱自然的杭州人常来这里找他们的乐子。香樟、古宅、泉水、山洞、道场遍布这条山间小路。一个栖霞岭是另一种杭州，让人找到昔日古都的感觉。

苏堤

春天留给苏堤

"我来钱塘拓湖渌，大堤士女争昌丰。六桥横绝天汉上，北山始与南屏通。"1089年，苏东坡来到杭州任知府，他疏浚了西湖，留下一条堤和上文这首诗。北山和南屏山之间自此有了一条南北贯通的长堤，后人叫它"苏堤"。

今天的苏堤已经是西湖上最重要的景观。其实在苏东坡之后，西湖和苏堤前前后后多次疏浚、修建，今天的苏堤早已不是苏东坡留下的样貌。但毫无疑问苏东坡是首创者，给后人留下了西湖之上最亮丽的一道风景线。

现在的苏堤长2797米。相比旁边的杨公堤，苏堤更为纤细、秀丽。堤上不能行车，唯有行人的脚步能"丈量"它。虽然苏堤多次变迁，但苏东坡当时留下的烟波六桥还在。这六桥都是单孔半圆石拱桥，自南而北依次为映波、锁澜、望山、压堤、东浦、跨虹。它们高高低低地散落在堤上，是有趣的风景，亦是登高赏景的地方。

苏堤两边尽种垂柳，一夜春风就吹绿了苏堤。若是俯瞰，它就像一条绿带横跨西湖。垂柳之间还有碧桃、海棠、芙蓉、紫藤等40多种花木穿插其中。苏堤的春花是尽职的报时者，每每送别寒冬之后，苏堤的绿柳红花总要争着抢着前来报春。春风中烟柳徐徐摆动，身边的桃花粉嫩如少女，姹紫嫣红，翠粉争艳，一派烂漫春光弥漫堤上。这一派湖山好春色就是十景之一的"苏堤春晓"。

实际上，苏堤上繁花似锦，绝不只春花独美。即便是冬季，也有绿化工人用冬季花卉装扮拱桥。苏堤一年四季都是富有诗意的散步地。散步之余，苏堤上也有碑、亭、桥、山可观。从南面初上苏堤就有康熙的御碑亭，康熙御题的"苏堤春晓"石碑跨越了千年，把两个历史人物串联起来，碑亭北面"镂空版"林徽因纪念碑独具创意和韵味。再往北可向东眺望，小瀛洲上三潭依旧清冽。南北两头各有公园步道可穿梭到杨公堤。行走其间，或是"曲院风荷"，或是"花港观鱼"，都让人饱览秀色。

杨公堤

宽阔大堤尽是风景

在南山路和虎跑路交接的地方，有一条宽阔的马路穿过西湖。它在西湖中间拐了个弯，然后连接到北山街。这条宽阔的马路就是杨公堤。

杨公堤的"杨公"指的是杨孟瑛，他于明弘治十六年（1503年）出任杭州的知州。他的主要功绩就是清除了侵占西湖的荡田，大规模疏浚了西湖。当时清理出来的淤泥一部分用于修补苏堤，另一部分就在里湖之上修建了杨公堤。杨公虽没有白堤的白公、苏堤的

苏公名望高，但对杭州和西湖也是大有功劳，因此杭州老百姓还是用他的名字给湖堤命名，以表纪念。

杨公堤与白堤和苏堤相比要宽阔得多，也长得多。杨公堤全长达到3 400米，是西湖上最长的堤。堤上全程都可行车，有的地方是单向双车道。杨公堤经过的景点特别多，几乎隔十几米就有一个公园或古迹。杨公堤的修建晚于苏堤，初建时像苏堤一样也设了六座拱桥，似乎以此来向苏堤致敬。

杨公堤上的行道树不是以杨柳为主，而是高大的乔木。夏天时，树叶遮天蔽日。因为处在里湖，堤的两岸水域并不开阔，反而多树林。最美的时候便是早晚时分，斜阳透过树林射入，一道道金光下似有仙气飘来。浅浅、弯弯的湖面上倒映着忽明忽暗的树木、鲜花，犹如一幅风光油画。在深深树林里还有许多老式江南民居隐藏着，有的还是大家之后，有的身世则淹没在滚滚历史红尘中。杨公堤中段水面开阔起来，许多颜色明快的木船围成一圈静静地躺在湖面上。不远处的岸上新人拖着长长的婚纱在拍照。在高高的拱桥上还能看见里湖"直挂云帆"的场面，原来是帆板运动员们在训练。

杨公堤漫漫路上，景色大气、纷繁，还常常藏着被忽略的好地方。只要做个有心人，总能找到清净的西湖。

浴鹄湾

西湖深处有春水

西湖的水流过杨公堤后变得"小家碧玉"起来，弯弯曲曲的湖水依傍着树林，没有了开阔湖面的大气，却多了小巧精致的江南温婉。浴鹄湾就是这种景致的翘楚。

浴鹄湾藏在杨公堤的西南侧。杨公堤的最南端有一条小路带你去往这个人烟稀少的伊甸园。在清脆的鸟鸣声中穿过树林、草地、池塘，荒野味道十足，甚至让人开始怀疑自己是否还在人山人海的西湖。起先水道小小的，犹如小溪，荷叶东一块、西一块地填在湖水上，阳光艰难地穿透树叶，斑驳地射到碧水之上。

　　渐渐地，水面开阔起来，芦苇白茫茫地在岸边散发着光芒。到了浴鹄轩，南湖的全貌终于舒展了。走进曲折的长廊，古色古香的亭子下南湖风景一览无遗。左侧是五开间的武状元坊，灰色的牌楼背后是一片绿色山峦。若是春季，左右还有丛丛桃花艳丽地开放。伴着清晨温暖的阳光，牌楼下一群阿姨打起太极拳，似乎继承了武状元的血脉。

　　视线往右移去，一间茅草屋躲在岸边绿色中，传说那是子久草堂，一代国画大家黄公望在这里结庐隐居过。再往右则是漂亮、利落的霁虹桥，一座别致的中国廊桥。廊、亭、榭三种式样一气呵成地"浮于"湖面。尤其是长廊，中间微微隆起，和倒影一起形成高低错落的景观，让湖面一下子生动起来。

　　这几个景点形成一个环线，围绕着南湖。行走其间可谓移步换景，一步一景。此外，在子久草堂背面还有一扇古朴的院门敞开着。门边用乱石垒起院墙，门上还有古典的黑瓦斜顶。走进去是几间设计感强烈的复古建筑。其中一间门前还依湖矗立着一个牌坊，牌坊后的屋子挂着"湖畔大学"的牌匾。原来，这里是马云新建的湖畔大学。不过，学校房屋大多关着。屋外藤蔓爬满石墙，大树下摆着露天座。不妨闲坐，看看昔日黄公望的草屋，再看看马云的大学。虽然黄公望不在了，但兴许有马云级的"大佬"从木格门后走出。

花港观鱼

观鱼、观人分不清

在景点密布的杨公堤上，最常见的就是统一戴着帽子的旅游团，他们必去的地方之一就是花港观鱼。不只旅游团，到达杨公堤的其他游客也十有八九是要去那里的。

花港观鱼是苏堤和杨公堤南侧之间的一个公园。自南宋时期就有溪流经此地注入西湖，南宋的大官看中这个鸟语花香的地方，于是建了私宅园林，还建港养鱼。这里靠近花家山麓，港的名字就从山名而来，称为花港。

到了清朝，又有康乾两代皇帝为花港观鱼题词、立碑、赋诗，花港观鱼也因此正式成为"西湖十景"之一。

"花家山下流花港，花著鱼身鱼嗫花。"昔日皇帝的赞美诗言犹在耳，今天的花港已几经沉浮。清末的花港一度没落，最后仅剩一池、一碑、三亩荒园。现在东门右侧的方池就是当年的陈迹。经过先后多次重修，花港扩充为面积达20万平方米的现代公园。

现在游客走进它时，所能欣赏的公园面积已经是康乾当年见到的花港的100倍。绿草铺满了地面，高大的雪松挺拔地站立在草坪上，小朋友们聚在草坪上欢快地做游戏。牡丹园里花团锦簇。从蒋庄到藏山阁再到魏庐，你会发现老派的中式庭院、楼阁依旧在花溪中"寄存"自己的倩影。中国古典园林的印记和现代公园设计相互交叉着出现在花港中。

不过，人们最喜欢的还是那个传统味道的红鱼池。带上几包鱼食，来不及细看草坪的绿树、娇艳的牡丹、错落的亭台，心急的游客直奔鱼池而去。当他们到达鱼池时，早已有游客倚靠着绿色栏杆，并排着低头看着鱼池。红色的鲤鱼也很兴奋，哪里有人就围拢到哪里。这时只见水间小桥上人头攒动，桥下红色鱼头涌涌，不知是人看鱼，还是鱼看人。

与红鱼池形成鲜明对比的是密林地。山回路转的密林总是保持着寂静的样貌。傍晚时分，一身黄色僧衣的和尚从净慈寺散步到这里，为山林增添了一份从容和淡定，红鱼池里的喧闹也被山林的暮色洗去。在花色中细想，这也许才是皇帝诗中那个安静的花港观鱼吧！

杭州，这座城

西湖国宾馆
私人定制般的西湖

在杨公堤中段茅家埠的东南侧有两条柏油马路被树林夹杂着向西湖延伸去，每天那么多人走过杨公堤，走过景行桥，却只有少数人会踏足这里。

如果你怀着好奇心沿着柏油小路前行，最终出现的是一扇现代材料构筑的仿古大门。斜斜的坡顶上爬满了绿藤，藤蔓下挂着一个木匾，上书"西湖国宾馆"几个大字。

这个国宾馆堪称杨公堤上最隐秘的风景。要进入国宾馆有时还要应付门口武警和保安的盘问。在历史上这里是几代中国领导人杭州度假的接待处，也一直是杭州外事接待的重

要场所，所以这种神秘和森严就不难理解了。

费些口舌进入国宾馆，哪怕为此还要在高贵的茶楼里奢侈地喝上一杯，都是值得的。因为说是宾馆，实际上这里是一个依山傍水而建的西湖园林，甚至是最干净、最美丽的赏景处。西湖国宾馆前身是杨公堤上的刘庄，有"西湖第一园"的雅号，因此这里继承了中国古典园林秀色可餐的基因，园林里的假山小池、亭台楼阁、回廊飞檐放在杭州都是一流的风景。

这里还是"苏堤春晓"绝佳的观赏位置，因为它处在杨公堤的正中间，正对着苏堤，整个苏堤和南面的雷峰塔、净慈寺，北面的保俶塔、孤山等都能尽收眼底。再加上前文所提的国宾馆渊源，通常陪着你赏景的只有你的朋友和柳梢上的小鸟。刹那间，整个西湖和园林似乎就是为你私人定制的，让你不忍离去。

面对如此惬意美景，真的不妨在宾馆湖畔茶居喝点东西。这个在网上有"五星"美誉的茶馆，尽管价格也是"五星级"，但不得不承认，茶居的亭子是最佳赏景位置，茶居的服务水准也不是其他路边茶馆所能企及的。茶居的亭子周围还有露天座，同样是看苏堤的好地方。阳春的下午，在这里品茶，耳听西湖的水声，眼望苏堤的春晓，嘴品极品龙井；不时间，宁静湖面上婉约漂来一条手摇船，满满水里晕开一圈圈涟漪——此时已然是西湖游的极致时光。

杭州,这座城

杭州花圃
静谧的大花园

这里没有大规模的旅游团,不用门票,甚至连一个小卖部都很难找到——杭州花圃就这样安静地待在杨公堤边上,这着实让人意外!每个到杭州的游客都有机会去安静的大花园享受一番。

杭州花圃是矩形的,直穿花圃只要20分钟,当然这样逛可是辜负了花圃的一片春色。"小楼一夜听春雨,深巷明朝卖杏花。"杭州历来是花的世界,花圃就继承了"深巷杏花"的传统,3 500多种花卉聚集于此。

　　游览杭州花圃最好的方式是沿小路溜达。一入前门先是一个大广场，叫"时花广场"，宽大的石板桥后是开阔的下沉式广场。广场大气亮丽，中央水池有一喷泉，四周散落着花台，花台里的花卉以各种颜色勾勒出不同的图案，水池里斑斓的锦鲤畅游着。后现代的树形浮雕和古典写实的欧洲少女雕塑同居一池。整个广场交错着不同的美景情趣。

　　广场之后则是更接近自然的园林景观，尤其是花圃里最美的赏景点"菰蒲水香"。这里有着天然湿地的氛围，水生植物、乔木林和楼台、亭榭融为一体，鹅卵石铺成了水路，莲花和荷花交替出现，湖边古朴的天泽楼被一片绿色包围着，一根根木条结构就像树林生长出的一样自然、亲切。

　　沿错综复杂的小路行走，一路鲜花不断。兰园里兰花清高，菊园里菊花吐芳，掇景园里盆栽引人注目……在流花榭顶上俯瞰菰蒲，在古典的仰云楼里赏景喝茶，无不是舒心惬意的活动。路上说不定还能遇上杭州老伯谈天说地。

　　出了花圃不妨再往北面去，有一条非常隐秘的赵公堤通往杨公堤，堤旁有私密的社区"金沙曲苑"，还有古桥拱在河上，修复的古宅里微微闪着灯光，承接了花圃的静谧。赵公堤让探幽的乐趣持续着。

杭州，这座城

曲院风荷

夏风曲院醉荷

你若要问夏天杭州哪里最妙，大部分杭州人会让你去曲院风荷。

"接天莲叶无穷碧，映日荷花别样红"，这是夏日里曲院风荷的真实写照。现在的曲院风荷在西湖西北部，自苏堤跨虹桥畔的碑亭，沿岳湖、金沙港直达卧龙桥外的郭庄，迤逦数里，建有岳湖、竹素园、风荷、曲院、湖滨密林区五个景区，俨然是个西湖边的大公园。当年，曲院风荷只是苏堤边的一碑、一亭、三亩地。最初"曲院"指的是酿酒的酒坊，"曲"应作"麯"，后来因为康熙题写十景时的笔误才成了"曲院"。

苏堤　杨公堤

　　公园内大小荷花池中生长着上百个品种的荷花，其中最迷人的要数风荷景区。这里水面分布着红莲、白莲、重台莲、洒金莲、并蒂莲等名种荷花，莲叶田田，菡萏妖娆。领略曲院的美最好是在夏风徐徐的傍晚。风吹皱了池水，也吹起了荷叶的绿浪，粉嫩的荷花高高站立于绿叶中并微微摆动。这儿一片，那儿一片，荷花在古典园林里显摆它们的姿色。这是曲院绝妙之处，在曲桥边，在拱桥下，在木亭了的倒影里，荷花粉得娇嫩，莲叶绿得翩翩。即便没有了昔日酒坊的香气，四处飘逸的荷花香同样让人陶醉。徐徐和风下，游人在花香中走进荷花池。高高的单孔拱桥上，低平的曲桥上，红色木结构的亭阁中，都留下了游人的身影。

　　人影、花香、亭台、曲桥……在曲园化为一体，池中的人在看风景，池外的人却在看他们。

岳王庙
青山有幸埋忠骨，白铁无辜铸佞臣

岳飞在蒙冤 21 年后得以沉冤昭雪，葬于栖霞岭下。后来这里也就成了今天西湖边上的岳王庙。

岳王庙也常被叫作岳庙、岳墓，明代时还曾改称"忠烈庙"。一路走来，岳王庙时废时兴，现在的建筑格局基本沿用清朝的格局。

作为一个墓庙，这里本应是追思之地，但无奈最终成了杭州的热门景点。景区门口每

苏堤　杨公堤

　　天车来人往，拥挤不堪。穿过拥挤人群进入岳王庙之前可以先去对面西湖边看看"碧血丹心"的石坊。

　　再回到北山街北侧，隔着人群你可以清楚地看到"岳王庙"竖匾高悬大门。大门两侧还题写了大家熟悉的岳飞诗词：三十功名尘与土，八千里路云和月。大门之内一条青石大道通向院落，参天古木夹道而立。石板大道一直通向岳王庙的正殿——忠烈祠。远远地就能看到殿宇重檐下悬着"心昭天日"竖匾，匾上的字是叶剑英所题。"心昭天日"所应和的是岳飞死前在"供状"上留下的"天日昭昭，天日昭昭"。

　　殿宇里正中自然是威武的岳飞像。只见"岳飞"身着紫色蟒袍，威严正坐于堂上，有两人多高，这紫色蟒袍表明了他身后被册封为鄂王的身份。雕塑的上方是"还我河山"横匾，据说是岳飞的手笔。两边还有横匾"碧血丹心，浩气长存"，是赵朴初、沙孟海题写的。再往上看，天花板上"飞翔"着上百只仙鹤，蔚为壮观。而下面墙壁则绘有岳飞的故事，其中自然有我们最为熟悉的岳母刺字的故事。

　　大殿西侧是庭院。庭院里碑廊悠长，岳飞诗词、奏札等手迹以及历代名人凭吊的诗词都呈于碑上。庭院中有枯柏数棵。传说大理寺风波亭的松柏在岳飞死后就枯死，随后被移到墓地来。其实经测定，这是松柏科的植物化石，历史长达1.2亿年。

　　庭院深处是岳飞的墓阙。小桥、古井、墓碑等都按宋朝风格设计，保持着古朴的面貌。青石铺就的墓道旁还蹲着石虎、石羊、石马各三对，站着石俑三对，这些是墓地里仅存的明朝古迹。岳飞墓就在这些古迹的尽头，墓上长满青草，边上有岳云墓相伴，像两个绿色的小山包立在青石平台上。墓碑后面有一片绿色山林，环境清幽。

　　墓地里最著名的还是面对岳墓长跪的罪人。墓阙下有四个铁铸人像，反剪双手，面墓而跪，他们即陷害岳飞的秦桧、王氏、张俊、万俟卨四人。跪像背后墓阙上有楹云："青山有幸埋忠骨，白铁无辜铸佞臣。"游客们到此跪像前一般都要吐上几口口水，以表唾弃。若不是有铁栏杆围住，恐怕还有人要上前"拳打脚踢"。中国历史上如此"遗臭万年"的恐怕也只此四人了。

栖霞岭

清新山岭探洞玩

岳飞墓在栖霞岭上,墓地旁的小径直通山上。

和人潮拥挤的岳飞墓、北山街不同,一旦走上山岭的坡道,人就少了起来,一派清新山地风光扑面而来。

栖霞岭是西湖北山西面的山丘缓坡,安静的密林小道上藏着许多小景点。每天,许多杭州本地的大妈、大叔都会走上这条青翠包裹的小道,有的带着小狗散步,有的前来锻炼身体,有的聚会喝茶。还有许多小朋友在山林里欢快地奔跑,这里是他们的童话世界。

  跟着本地人从岳王庙的小路前行,你很快会发现这条路上的趣味。香樟树夹道欢迎来访的人们,它们的树叶常常自由落体般飘然而下,于是青石板上铺满了树对大地的"眷恋"。走着,走着,树下破败的旧楼出现在视野中,这是典型的江南民居。很多已人去楼空,露出荒废的模样。黑色瓦片还在斜坡顶上,但已经长满各种植物。旧楼远远看去好像戴上了毛茸茸的"帽子","帽子"上忽然竖起一个老虎窗,小小的窗口被树叶包围着,黑黢黢的,就像是一片绿色中的一个"黑洞",似乎随时都会有精灵从那里飘出来。毛茸茸的屋顶下,墙壁更为沧桑,江南的潮湿在墙壁上留下一道道灰黑的水渍。有的院落里杂草丛生,好像几十年没人照看了。在一众破败老楼中,国画大师黄宾虹的旧居是唯一"健康"的老楼。干净漂亮的花园里,一座别墅躲在绿地后面,楼前汉白玉的黄宾虹雕塑非常显眼。这里曾是一代大师的落脚地,现在成了纪念他的场馆。从他旧居的身影中人们不难想象其他老楼也曾经有光鲜亮丽的过去。

  除了老楼,缓缓的斜坡上还有辛亥革命的纪念碑、宋朝名士的古墓、看不清的摩崖石刻……路上还有三个山洞。从栖霞洞到紫云洞再到黄龙洞,格局越来越大气、精致。它们都是道家的遗存。从葛洪在初阳台炼丹开始,这里就是历代道人们求道的圣地。有的山洞位于山脚处,有的则高悬在山巅。洞中都供奉有神像。洞前的平台都设置了香烛台,至今有香火延续。山洞石壁上留着道家的石刻。人们还能看到古典的山门、高伟的重檐、园林式样的门廊曲径。今天,除了探幽的游人,道教洞穴的平台上更是聚集着前来休闲的本地人,他们喝茶、打牌、聊天……好不热闹——过去的道家清幽之地现在已经是当代人娱乐的好去处。

这是一条山林里的秘境之路。所有的都市负能量都在这里消散，绿色的山林组成它安静、闲适的风光。丛丛的森林、一缕缕清香，城市那么近，又离城市那么远。绝没有第二条路像它这样离

遇见 杭州，这座城

青青天竺闲自来

杭州植物园无疑是一片森林。森林里草木皆景,还有美术馆这样的人文景点散落在它的旷野上。就在它的北面,青芝坞这个曾经的乡村正经历着蜕变。不满足于旧模样的乡村在向适宜的休闲度假地变换着。黑白相间的主色调下,欧洲风格的休闲遮阳伞挡住了灼热的日光,让休闲的茶歇生动起来。

几里地之外,灵隐寺却还执拗地坚持着"古色古香"的气质。毕竟大家都期待着这样名声在外的寺庙能像迎接康乾那样迎接自己。金碧辉煌的佛陀、漫天弥漫的"莲花"、光滑石板上的造像回应了这样的要求。再深入一点,灵隐寺之外的其他庙宇更安守着"清静"的本分,清香在这里燃得分外从容。

跟着虔诚的香客,你不会错过三天竺这样的"人间仙境"。清幽小路上、黄色围墙外到处是值得一书的美景。它们和佛家那么契合,不娇艳夺目,却能以清静的本质打动人心。但愿能像佛僧或居士那样长留此地,用烟青色的风景洗涤心灵。

在清闲的风光之中蕴藏着无数"私房"般的餐厅、咖啡馆、民宿。它们在美学上承接了佛家的简约和禅意,在味道上却有了十足的创新。最后把自己的身影埋进竹林里吧。在云栖竹径里走走停停,走时竹林生风,停时坐亭听溪,一股子清幽之风挡不住。若是脚下生风,爬上远山,还能在十里琅珰上找到新的风景。

青芝坞
古村里的休闲时光

青芝坞是一个历史悠久的古村。据考，在东晋这里已经有了村落。青芝坞的名字至少可追溯到宋朝，就连大名鼎鼎的白居易也为此地赋过诗。不过，这里后来渐渐成了灵峰山下的破落村庄，顶多是有几个农家乐的普通乡野。

最近几年青芝坞迎来新一轮的开发建设。整个村庄换上了新颜。这个北靠大学校园、南依灵峰（即植物园）的秀丽村落成为以情调取胜的小资胜地。

青芝坞的村口就开在北山北面的玉古路上。村口一座古朴的石桥通往村落，桥的一边

有一块青石,上面写着青芝坞的名号;另一边一个灵芝一样的黑色雕塑似乎揭示着村名的来历。站在石桥上,一汪清水近在咫尺。新整治的村落把灵峰山的溪水引入村子,让村落溪水环绕,更让村口有了湖景。水面上曲桥、庭廊、楼阁环伺,水中长满荷叶,微风徐来时还真有点曲院风荷的味道。沿着拓宽了的村道往里走,道路两边是黑瓦白墙的江南民居。两三层民居大都重新翻修,古老的样式里透着一股朝气。每家几乎都有小院子,篱笆里头藤蔓萋萋,鲜花盛开,一个个小院子就像一座座小花园。有的民居用了色彩艳丽的欧式遮阳篷,加上路边的小花园,倒有几分欧陆小镇的风情。

漫步路边,溪流在脚边的小沟里缓缓流淌,烘托出一个江南村庄固有的水灵气。跟着溪水深入村落,你会发现村里许多角落里还种着梅树、竹子和一些灌木。这些地方都是村里新开辟的小景点,以期和南面的植物园保持一致的风貌。

撇开这些小景点,进村的外来者更多的是为寻觅轻松的休闲时光而来。青芝坞的青瓦下遍布饭店、旅社、咖啡馆、茶馆、酒吧,有几个已经是杭州的人气店铺。热意餐厅的老板娘是网上的美食达人,她混搭了十个国家的料理,有十分小资的菜,也有很土的菜。尽管有人抱怨口味一般,但设计感十足的卖相令人大开眼界——米饭用小竹篓盛着,夹杂着花生,顶上零星撒着点黑芝麻;特制米浆用试管盛着,插在玻璃花瓶中的刨冰里冰镇着;冰激凌球搭配可可粉和薄荷叶,在托盘上画出一朵花来。另一家叫水杉晓庐的客栈也以小资风格的设计吸引人。厕所里有八个不同形状、色彩的洗手盆。靠在舒适的沙发上可以慵懒地享受咖啡时光。厚实的实木长桌是朋友聚会、畅饮的好地方。

青芝坞正逐渐成为设计感十足的休闲街区,俨然成为许多杭州人的"世外桃源",在这里,忙碌的都市客都"慢"下来了。

杭州植物园

森林里的森林

　　在秋天的一个周末，15路缓缓驶进灵隐路上的植物园站。车上下来一批乘客，有许多都是一家人前往植物园。植物园的大牌坊就在车站旁的交叉路口上。牌坊下是被绿叶森严包裹的玉泉路。边上还有一栋洋楼躲在树林里，那是林风眠的旧居。学过画画的徐先生带着孩子拜访这座青砖小楼，他想让孩子感受一下大师的风采。

　　实际上这里离植物园真正的大门还有一段路，但茂密的树林和清新的空气已经让人提前感受到了植物园的气息。植物园就在玉泉路的尽头，是一个面积广阔的森林，原先这里是西湖边上玉泉路至桃源岭的一片郊野，现在已建成一个现代化的植物园。

　　现在的杭州植物园面积达115.6万平方米，对一些人来说简直像个迷宫，而且它有数个不同的功能区域：专门供游人观赏的观赏植物区，将植物分类研究的植物分类区，研究经济作物的经济植物区，还有面积最大的森林公园。

　　走进植物园就等于走进了植物的海洋，即便你视觉神经再发达，每次看到的也都是沧海一粟。母亲推着孩子在杜鹃花海徜徉。老年人钟爱森林公园里茂密的乔木，一边做着舒缓的运动，一边大口呼吸清新的空气。金秋时节的金黄色银杏把世界染得金光灿灿。中小学生是植物园的常客，在老师的带领下排着长队游走在树林、绿地间。他们在百草园里学习"浙八味"，在森林公园里种下新树，也在草地上做游戏。

　　到了冬天，植物园最深处的灵峰探梅是赏梅的好去处。园林里的掬月亭是古老寺庙的遗迹，亭前西坡有蜡梅迎着寒风绽放。这些蜡梅都是古树，至少100多年前就在灵峰上盛

开了。到了春天，果梅和花梅接班开放。5 000多株梅树装扮着灵峰的春天，姹紫嫣红，美不胜收。

如果是夏秋，去玉泉鱼跃赏鱼则是另一种快乐。鱼乐园里，雅致的亭台围绕着鱼池，细长的石塔在水中矗立，红鲤鱼和披着曼妙花色的锦鲤在池子里畅游，小朋友们兴奋地喂着鱼，情侣们拿着相机给漂亮的鱼儿拍照，中国园林的美和赏鱼的古典情趣相得益彰，给人们另一番意境。

杭州本就是一个植被覆盖极广的城市，甚至可以说就是一个森林城市。在这样的都市里，植物园就好像是森林中的森林，扎根于爱好自然的人们心中，是每一个喜欢绿色的人不能错过的地方。

灵隐寺
千年古都一个灵隐

　　杭州7路公交车开进终点站，依旧有众多人下车，一辆辆旅游巴士也在同一条路上开过，一个个举着小旗子的导游带着庞大的旅行团在人行道上走过。这里是杭州最繁忙的交通要塞，每天都要进出大量游客，因为这里坐落着灵隐寺。

　　在杭州，灵隐寺也许是唯一一个在知名度和游客数量上可以和西湖相提并论的景点。如果到了杭州而没有去灵隐寺，那么终究是一种遗憾。

作为南朝四百八十寺之一的寺庙,它是最能让人感叹杭州"多少楼台烟雨中"的地方。这个济公曾经修道过的地方,又是古迹现代化、旅游化的典型。还未走到庙前,广场上已是琳琅满目的连锁餐饮。现代商业丰富着古刹的旅游体验。

大门前人头攒动,人们迫不及待地跨过山门进入古老寺庙。背对着咫尺西天的照壁,寺庙里确实咫尺之间有另一番天地。古典、传统的佛家寺庙和广场的星巴克、必胜客、肯德基有着巨大的反差。中轴线上天王殿、大雄宝殿、药师殿一字排开,宏伟的庙宇和金光闪闪的佛像接踵而至。大雄宝殿前广场上的巨大铜香炉终年燃着烟火。信徒们分布在四周,手举着香向四面朝拜,虔诚让他们表情凝重。大殿前的左右两块空地上空还悬着众多荷花一样的福带,整个天空好似开遍荷花。而边上的石塔却依旧古朴、清肃,对着"荷花"无动于衷。

对信徒来说,灵隐寺是一个表达信仰的地方;对普通人来说,灵隐寺是一个文化宝库,可从某个侧面窥见杭州的古老。天王殿里的香樟木佛像是南宋的;石经幢上留下了吴越国的印记;云林禅寺的匾额分明叙述着康熙笔误的故事;庄严的释迦牟尼莲花坐像再现唐时禅宗意象;还有获得世界纪录的中华第一铜殿……这些无一不是寺庙对后来者的馈赠。在这里,每一刻,每一步,都有一个杭州的故事。

飞来峰

石头上的艺术

去灵隐景区的人们以为只是逛寺庙，却不知道这里还有一座古老山峰。当真正攀爬过这座山峰后，你一定会欲罢不能。这就是灵隐景区内的飞来峰。

灵隐寺和飞来峰可以说是"捆绑销售"，要想去灵隐寺就必须先过飞来峰。好在这座奇妙的山峰不输古刹，对许多喜欢活动筋骨的人来说，高低起落、迂回曲折的山林反而更有乐趣。

说到飞来峰，就不得不提济公。古时一个疯和尚抢亲，全村人在后面追赶，谁知一出村子就见一座山峰压在村子上……这个疯和尚就是济公，而这座山峰就是飞来峰。其实飞来峰的传说还有很多，有兴趣的人可以跟着旅游团的导游"偷听一下"。

飞来峰的特点是无石不奇，无树不古，无洞不幽。据说最多时飞来峰有 72 洞，不过现在大多已经淹没在历史长河中，只有东南面零星的几个溶洞能让人畅想当年的奇幽。飞来峰最大的看点还是石窟艺术和造像。飞来峰洞中和沿溪的崖壁上有从五代到明朝各个时期的石刻造像 470 多尊。它们都以佛教人物为主，堪称艺术珍品，在江南尤属罕见。飞来峰造像按年代不同用不同的颜色标示，对游人来说方便了许多。

除了探索古代的造像艺术，飞来峰本身的自然风貌也值得亲身探寻。光滑的石板路在山林里起落，小小的山丘可以自由上下，古朴的石像边上是飞流而下的瀑布。穿梭在溪流中的石头路上，游人欢快地跳跃着。一线天下挤满了人。幽幽河水里几条红鲤鱼悠闲地游着，丝毫不理会飞来峰的喧闹。

走到飞来峰尽头，山上山下坐落着几座寺庙。这里游客少了许多。少数人跟着青袍加身的和尚一同踏上寺庙石阶，一个清新世界豁然出现。无论是烟笼季节，还是秋高气爽，黄色的古刹在绿色的掩映中分外淡泊。登高远望还能看见灵隐寺、飞来峰的胜景。这里不失为两大景点之后的"清肠之菜"。

北高峰

条条大路通高峰

游览完灵隐寺，有的游人会顺山路爬上韬光寺。过了韬光寺再往山上行不久便会在山路边遇到一座岗亭。指示牌显示岗亭之上的路通往的是北高峰。

北高峰名字听上去很高大，其实海拔只有 300 多米。不过，由于离西湖近，周边又没有其他山峰比肩，长久以来人们以为它是杭州最高峰，实际上杭州比它高的山峰有很多。虽不是最高峰，但北高峰一向是杭州人登高远眺的热门地点。就连毛主席也曾经三上北高峰，而且是徒步爬上去的，"山不在高"的道理在这里得到了印证。

虽然北高峰不高，但从灵隐寺的山路上去也有数百级的石阶要攀登。不过，登北高峰的乐趣也许就在山路间，一路上满目的葱绿包围着山路，偶尔有低矮的灌木丛，穿越树林可看到一片云山雾罩的风景。沿着曲折的山路上行，时常能看到西湖美景，甚至能远眺"之"字形的钱塘江。

除了灵隐寺背后的山路，在西山的山脚下还有多条道路通往北高峰，所谓条条山路通高峰。有很多人喜欢从东岳庙附近的法华寺上山。这条路相对较短，和从灵隐寺上山的距离接近，但相对较轻松。也有人喜欢更加绵长的路线，从老和山上山。山路起点在浙江大学图书馆的右侧。这条线路长，相对地，风景也更丰富。其中有相当一段路是在西山的脊背上行走，当地人叫这段山路"十里龙脊"。这段"天路"经过数座山峰，一路起起伏伏间有数座亭台可以坐下休息，更有好几条幽幽小径通往山下或其他山巅。路上你若左右环顾，会发现美景不断，既有北面的城市风貌，又有南面的群山绵延，还有东南面的西湖胜景。除了这条最美山径，图方便的人大多在灵隐寺边上的索道站坐缆车。每天，白乐桥边的缆车都会循环运作，把不爱爬山的游客悠然送上北高峰，只消几分钟就能登顶。

除了上面三条，西山脚下还有数条小路通往北高峰峰顶。四面八方来的人最后都聚拢到小小的山顶。北高峰山顶不大，大概半个足球场大小。索道站之上是一方平台，平台四周都有古朴石栏可依，平台中央是一个高高耸立的信号发射塔，高大的铁塔下面是一尊金佛，金佛背后是北高峰最主要的建筑——灵顺寺。这个有 1 600 多年历史的古庙号称"天下第一财神庙"，宋徽宗赐它"灵顺"名号，乾隆御笔题词"财神真君"，毛主席也三顾于它。

灵顺寺又名华光庙，虽然以供奉财神为主，实际上是一座佛寺。寺里至今还有僧人长驻。但财神传说在当地很是受用，小小寺庙里香火一直兴盛，钟声也常萦绕山头。除了这个古庙，古代文献里有记载的北高峰众多建筑已经淹没在历史长河中，其中包括与"双峰插云"有关的高峰塔。游人除了游览灵顺寺的古迹，也可在山巅凭栏远眺。有时云雾缭绕间，隐约看着近处的灵隐、远处的西湖，再凭着一点悠扬的钟声，便能遥想一番当年胜景。

三天竺

灵隐之外有净土

灵隐寺虽然是名刹大庙，但人潮汹涌之下少了应有的清静，想寻清静的人都会来几步之遥的天竺路。虔诚的香客们更是逐个朝拜路上的三座寺庙。这里的三座寺庙被人叫作"天竺三寺"（通称上天竺寺、中天竺寺、下天竺寺），它们仍保有着佛门清静的传统，在一片田野、密林和溪水间成为灵隐寺之外的"净土"。

信佛的陈女士穿着居士服徜徉在天竺路上，她说她每年都要来这里的庙里长住学佛，傍晚时分她都会来这里散步。和陈女士有相同喜好的大有人在。天竺路堪称杭州最惬意的

杭州，这座城

步行道。从灵隐寺出发，最先一段是商业街，街道两旁商店林立，贩卖一些旅游纪念品，也有一些手工艺品。商铺的背后是一片民居区，这里大部分都改成了漂亮的民宿，"花枝招展"地吸引着人们的视线。

走出商业街后，一片茶园、山林扑面而来。路边一条小溪静静流淌，溪上的石桥小巧古朴。桥头一棵大树枝叶繁茂，好似给石桥撑起一把绿伞。再行一段，石板路紧紧依偎住了大山。山上草木丰盛，把小路包裹起来，好像一条绿色隧道。青色石板上落满了黄的、绿的树叶，好似一幅现代画作蜿蜒而去。

天竺路上有上、中、下三天竺，它们依次分列路边。黄色的佛墙上爬出绿荫，古老的山门里青烟缭绕，这里是著名的"香道"。背着黄色布袋的香客们三五成群地走在路上，偶尔尼姑也翩然而至。她们总是踏着轻快的步伐，让清风微微吹起青灰色的袍子，不一会儿就伴着哗哗的溪流声消失在绿色的山道里。

天竺三寺都是对外开放的，有的收门票，有的免费。不管哪一家都清幽、少人。在溪水和青山的怀抱里，这里与佛家追求的淡泊、出世更匹配。哪怕是掉下的一片叶子，都似乎有着别样的禅意。

她城有他

文艺餐厅的好味道

杭州植物园　灵隐寺　三天竺

　　这也许是杭州名字最文艺的餐厅，也许很多游客冲着这个文艺名字而来，但当他们走出餐厅时留恋的却是餐厅的好味道。

　　梅灵路的山脚下有许多民宅依偎在大山的怀抱中，"她城有他"就是其中之一。在一片青山的树丛中间，她城有他的蓝色灯箱闪烁着迷离的灯光。步上门前的台阶，两排绿植盆栽夹道欢迎着你。

　　轻轻打开玻璃门，明暗间隔的灯光中一个独立的文艺空间呈现眼前。不知哪里淘来的木质旧家具被用作间隔空间的装饰，家具上斑驳的油漆原封不动地保留着。台面上摆着怀旧照片、巨大的白色蜡烛、新式的马灯，还有一丛丛鲜花在它们周围开放。一片绿色植物中居然有一排简约设计的书架，书一堆堆地被随意摆放着。不仅书架上，就连壁炉上也摆着一摞摞书。

　　餐厅里的灯光以射灯为主，照着每张木质餐桌，也照着墙壁上的油画、桌子上的花朵、靠墙的沙发。与室内忽明忽暗的光线相比，落地窗外是一片敞亮。纤细的竹子、夸张的芭蕉和不知名的乔木包围着屋外的院子。即便是身在室内也能通过落地窗感受到浓浓的绿意。

　　除了文艺的环境，她城有他的菜系也充满了创意和艺术感，难得的是还保持着不错的口味。甜甜的桂花年糕装在碗里，星星点点的桂花洒在油光锃亮的年糕上，伴着桂花香气，年糕滑进嘴里。吃罢，淡淡桂花香气还弥漫在唇舌之间。话梅排骨这道菜，在原本江南传统菜糖醋排骨的基础上创意性地放入了话梅，口感上依旧保持酸酸甜甜的传统，但多了话梅独有的酸，让人胃口大开。鲜嫩的椒麻鱼更是让人意外，浙江厨师做的川香麻辣居然也有惊艳的表现。最让人津津乐道的还是芥末虾，它打破了江南清淡吃虾的传统，用芥末和千岛酱调制的酱料包裹住大虾，口感上有沙拉的清甜同时又带着辛辣的刺激，可谓别开生面吃大虾。

梅家坞

青山坞里飘来绿茶香

迎着满面春风，托尼又骑车上了梅灵南路的公路。他最喜欢穿过梅灵路隧道的下坡路：一座座山林、一片片茶园向身后飞速跑去，只留下清新空气和疏朗的路面。单车爱好者托尼每年春天都要来这里骑行，他的目的地就是梅家坞。

如果你也骑车或开车来这里，出隧道往南不久就能看到梅家坞的大牌坊。山坡两边都是大片的茶园，远远看去茶树像一团团绿球，它们在无声地宣告：茶乡到了！

茶乡梅家坞坐落在山坳中,周围青山环抱。梅家坞的村屋依旧保留着黑瓦白墙的传统,在一片绿色中浮现出一个黑白的江南村落。村旁的山上有一个巨大的卵石垒的圆盘,圆盘边上一棵大青树独自守护。

清新风景之外,梅家坞最吸引人的还是杯中物。梅家坞几乎家家都是茶社,杯杯都是龙井。二三层楼高的木结构露台沿马路排开,一卷卷竹帘垂下,让露台上的人们变得"朦胧"起来,偶尔春风吹开一角才能看到茶客们的笑面。三四月间梅家坞茶香千里,可以品茶、采茶,随着头茶的清香,思绪也飘到了漫山的绿色中。

在梅家坞你不用怀疑茶的质量,它曾经接待过美国等多国国家领导人,周恩来还屡次前往考察,因此只要静下心来细细品味就行了。如果随行的人多,在梅家坞打牌消磨时光是不错的选择,更可以留到傍晚吃农家菜。

杭州人也经常来这里消暑、度假。周末或假期,一长排私家车把梅家坞的路边变成了露天停车场。虽然茶社众多,若度假高峰时来喝茶、吃饭,车位、茶位仍会很紧张。想要看山坳茶乡的景色、品顶级龙井的滋味,还是早早来抢占位置才好。

云栖竹径

被遗忘的竹林

杭州植物园 灵隐寺 三天竺

抛开梅家坞的人流、车流，仅仅几百米外有一个被很多人忽略的山林公园——云栖竹径。

在梅灵南路安静的公交车站背后，两尊样貌奇特的石兽"蹲守"在绿野间，一条石板路在它们中间笔直远去。不远的路上还有一个简单的牌坊立着，好奇的乘客顿时被吸引，沿着这条竹林小径信步深入。

他们不知不觉已经打开"云栖竹径"绿色世界的大门。这是一条蜿蜒的山谷，曲曲折折的两条路分列小溪两边。一条是宽阔平整的石板路，另一条是起起伏伏的山路。走前者能游历竹径里的各种景观，后者则更富有野趣。无论怎样行走，游人最终都扑进翠竹的怀抱，小溪叮咚地在脚边流淌，一座座高低、大小各不相同的亭子依次在绿林中揭开面纱，走累了的人随时能在古老屋檐下休息。

　　这里是避暑的胜地。山风从竹林中飘来，吹散暑气。蝉鸣成了耳边的主旋律，溪水的声音若有若无地担任着协奏的工作。青翠的枝头跳跃着光斑，只有少数阳光能透进来，这让恼人夏季变得清凉宜人。

　　若是秋冬，竹林里也有红色枫叶和其他变色树种点缀，让森林变成了调色板。枫树如同一朵朵红色云彩飘在绿色大海上，黄色的落叶时不时飘落，提醒你秋天来了。

在寂静的竹林小径里，孤立的碑亭下，黑色石碑上皇帝的题词依然那么清晰。千年前这里已经有了探索与发现者，求佛的信徒们曾是这里的主人。竹径中有明末的佛教高僧莲池大师墓地，更有山路通往高高在上的"真际寺"。有人徒步探访这座古庙，气喘吁吁上到山顶却发现寺庙早就消失在历史长河中，只有古老的银杏还在年复一年地花开花落。

这条山路一直有杭州徒步者踏访。它能通往五云山、十里琅珰，是杭州最热门的徒步路线之一。走此路线可在九溪饱览西湖盛景，也可在梅家坞品龙井。

不胜脚力的人们大都老老实实走平地上的曲折竹径，直到最后遇见古典园林才罢休。在竹林和枫叶的深处，皇竹亭耸立于高台之上，站上去俯瞰竹林，像极了山水画。人们在小径上走走停停，一个个亭子的小尖顶醒目地在绿色中露出来。虽然"皇竹"犹在，但这里早就是都市人共享的平民竹林了。

古老的京杭大运河从杭州启航,一去就是上千年。尽管运河的实际作用已经弱化,但杭州总有抹不去的运河痕迹和记忆。沿着运河游览,骑行是最佳的方式,在河边的绿林、古径、公路上穿梭,一部活生生的运河史被悄然打开。

杭州，这座城

运河边寻找杭州的根

从市区出发,先是领略一下杭州的"文化高地"。在武林门外,一个聚集型文化广场被运河包围。现代的桥、广场、建筑突显杭州现代化的功绩,通过古老的运河码头又能追溯这座城市古老的历史。漂亮的玻璃房子里装满了各种文化场馆,让人目不暇接。

广场边萨克斯声飘荡,运河滚滚北上。一座古老的国家粮仓描摹出当年运河的历史地位。古老的木桶还在,但已经装上了新酒。古典的书院和新颖的工作室、咖啡吧毫不违和地出现在同一屋檐下,谁还能想起门外平坦的石板院落就是当年的堆场。

远道而来的朋友或许更愿意在小河直街上乱走。狭小的巷子、古老的房子、悠悠的河埠都有它自己的故事。陈旧的场景成了时髦的背景,一张张照片里运河的印记就此远播。

最有故事的还是拱宸桥,那是运河时代杭州的水路坐标。桥西,平整的厂房见证的是中国工业的沧桑,散乱的民居记录了运河商埠的繁华。而今它们都已经翻新,新主人是博物馆或咖啡馆、餐厅……运河两岸的文化正在兴起。再站上古桥,几经修整后的拱宸桥依然熙熙攘攘。走上高陡的桥面,望运河远去。拱宸桥就如同一个维系点,它将整条腾龙系于杭州这片土地,里面是家、是根,外面则是一片闯荡的世界。

西湖文化广场

馆馆相连的广场

如果说京杭大运河是从杭州开始的,那么杭州的运河大概可以说从西湖文化广场开始。来自钱塘江和其他江、湖、池塘的水汇聚到此地,一路向北,开启了伟大运河的征程。

杭州市区有很多广场,若论亲水性恐怕西湖文化广场会胜出。滚滚运河在广场的西南面转了一个90度角的弯,把半个广场都抱在自己的怀里。所以最美的视角在运河西岸,这里可以遥望彩霞中现代化的广场建筑。

　　和古老的运河相比，西湖文化广场极为现代化。这里的楼宇都是有着强烈反光效果的玻璃幕墙建筑，建筑呈半圆形围绕着广场，另外半边则是运河的河水。大部分建筑都不高，一般为 3～5 层的高度。有一个建筑屋顶是一个大约 20 度角的斜面，从高处看是一个漂亮的弧度。在屋顶弧线的西侧，大约是黄金分割点的位置，有一座唯一的高楼，它是整个建筑的中心。这座大楼叫作环球中心，牢牢地嵌在低矮的群楼中。它高 170 米，像一个现代版的宝塔。"宝塔"上端 1/3 处向内收拢，看上去就像少女的细腰。

　　在这群低矮楼宇前是圆形广场，有两座桥连接运河对岸，广场上经常举办各种活动。靠运河的岸边绿树成荫。树荫下有小巧座椅，萨克斯爱好者常在这里练习。伴着运河的波涛，幽幽的乐曲飘荡在岸边。站在这里可以清楚地看到对岸时髦亮丽的商厦，摩登建筑下还有屋顶像白色波浪一样的运河码头。码头上停满了白色的游船。运河上冷不丁"突突突"地开来老旧的运沙船，再仔细看码头，绿色树丛之中古老的牌坊还在现代建筑的夹缝中占有一席之地。

　　广场上有一座通往武林门码头的观景桥。这座桥同样是现代建筑的风格，有透明玻璃的围栏和 30 度角斜立的路灯，桥面有运河主题的黑色浮雕。

　　除了看建筑的外观，你还可以进到里面游玩。整个广场是一个文化场馆的集中地，在最西面，一个圆球一样的建筑非常吸引眼球，那里是科技馆，很多大人带小孩来探索科技。科技馆往东是影院和剧院，再往西是高档的银泰百货，边上群楼里是自然博物馆和画院。此外，还有大大小小的文化场馆星星点点地分布在现代建筑中。在文化广场常常可以看到孩子们的身影，他们被家长带来接受文化熏陶。这里俨然已是杭州一个重要的文化休闲场所。

富义仓遗址公园
古仓的新世界

古运河上支流众多,胜利河就是其中重要的一支。在胜利河和运河交叉口处长久以来建有仓库,南来北往的货物在这里储存,再从这里发往各地。

原先在运河边上这样的仓库很多,但留到今天能看见的不多。胜利河边富义仓能从 100 多年前一直留存至今,这实属难能可贵。富义仓是光绪年间的建筑。当时杭州巡抚筹

粮，粮食就储存在富义仓。富义仓相当于存放储备粮的国家仓库。据说这样级别的仓库有两个，一个是富义仓，另一个是北京的南新仓。富义仓的名称也是当时巡抚起的，取"以仁致富，和则义达"之意。

作为当时的国家粮仓，富义仓规模可不小。它有五六十间粮仓，每间约20平方米，可存四五万石谷物，还有砻场（去稻壳的碾坊）、碓房（舂米的作坊）、司事者居室等。时过境迁，富义仓已经是杭州仅存的古粮仓。

古朴的华光桥横跨在胜利河上，一边是已经改造成绿地的霞湾，一边是努力保持着旧时模样的富义仓。富义仓的正门朝着悠悠流淌的胜利河，河中河埠还在，想来以前货物是直接从这里的石阶运进仓库的。踩着青石板跨过清肃的木门，富义仓的结构一目了然，三排仓储式长房、门廊、偏房都还在。

富义仓曾经残破颓废被人遗忘，好在几经修复，富义仓迎来了第二春，还结出了新果。富义仓不仅仅是只能瞻仰的遗址，那些木楼、大院里还加入了创意元素，让富义仓成了一

个创意园区。厢房成了中国传统书法和绘画的交流场所，边上还有书院和非遗艺术馆陪伴。房里的长书桌上摆着文房四宝，墙上挂着古琴；天井里还有石头做的水槽，一支绿色茎蔓伸出水面，大小不一的石磨垒在石槽上。古典的书香气在古旧的建筑里弥漫。广告、设计等创意机构在古老的房檐下书写新时代的篇章。新奇的装置、设计和古老的木结构形成有趣的反差。时髦木屋外，老者摆下棋局，下着象棋。他们丝毫没有感觉到身边的变化。

说到变化，咖啡馆、茶馆的入驻无疑是另一个大惊喜，尤其是最后一进大院里的粮仓咖啡。黑瓦、白墙、青石板和石栏大门构成的大院充满了浓浓的江南古韵，就在院子的一角，摩登玻璃房和简洁利落的桌椅、另类的装置引入了新的审美情趣，雨水在水缸里激起一圈圈小小的涟漪，好似回到琴棋书画的时代，就在这时，阵阵咖啡香又飘来，让人们回到当代的休闲时光中。

香积寺和
大兜路历史街区
寺庙背后的老街

杭州是一座多寺庙的城市，有时候走着走着就与一座寺庙不期而遇。香积寺就是这样的典型。

香积寺在宽阔的马路旁，另一边挨着运河。和山里的寺庙不同，香积寺门面要阔气得多。门前宽阔的广场已经是附近居民聚会、游乐的重要场所。山门对面，广场的边缘，一

座大气凛然的当代牌坊矗立着,牌坊下还有精雕细琢的石栏围起的一个小平台,平台外一个高大的黑色铜香炉散发着雅致的光芒。广场一侧矗立着九层细瘦石塔,庙门上方黑瓦和重檐崭新庄重,让人肃然起敬。寺里寺外常见和尚信步游走,一派祥和景象。

香积寺是人们走运河从北方进入杭州后遇见的第一座寺庙,曾是水路去灵隐、天竺朝拜的必经之地。2009年进行修复后,香积寺以金碧辉煌的雄姿又重新站立在运河边。整个建筑几乎都用了铜结构,连屋顶上的瓦片、屋檐下的椽头钉上都包了铜。深沉的铜表面有独特反光,让寺庙显得特别深沉和庄严。到了晚上,整个广场和建筑都会打上绚烂的灯光。夜游运河的人们多半要在这里下船看看漂亮的寺庙灯光秀。

香积寺平日里是很安静的,青衣黄袍的僧侣是安静的主角。和香积寺一样,它背后的大兜路历史街区也是一个安静的休闲街区。街区并不大,主要指运河大关桥至江涨桥一段的东岸。街区原先建筑主要是工厂和江南老民居,因为远离市中心,这里反倒成了杭州城里还能看见旧街区风貌的地方之一,21世纪初重新修葺一番后成为以休闲餐饮和特色酒店为主的历史街区。

　　街区布局类似"目"字形，一条大致为南北向的主路紧靠着运河，主路一边是布置精致的店铺，一边是滚滚流淌的运河。路上还开着小街铺，每隔一段路会有一个亲水平台。平台都以木板铺地，几棵大树撑起一片阴凉。大树底下木椅围成圈，供游客小坐。有的平台上，有人索性撑起遮阳伞做起茶馆、咖啡吧的生意，价格平易近人，环境亦怡人。

　　最有韵味的休息地是香积寺码头。这个古老的码头虽小，却集中了牌坊、廊亭、照壁等传统建筑样式。尤其是廊亭，沧桑的木柱和长着蒿草的瓦顶无不诉说着当年码头曾经的兴旺。而今人群散尽，只有几个青衣和尚默默散坐于其间。

　　和古朴的码头形成极大反差的是街区中间的工厂。工厂的钢梁结构和平整的砖房都还在，但现在硬邦邦的钢结构下已经长满青青秀竹。游走其间的是西装笔挺的服务员，而不是工人。原来，工厂已经摇身一变，成为杭州最具特色的精品酒店之一。周围的餐饮也大多走高端、精致路线。就在不远处的北入口，有趣的装置还在叙述以前大兜鱼市贩鱼的热闹景象。从寺院码头到大兜鱼市再到精品酒店，大兜路的老街已经华丽转身了。

北新关和畲族馆

被遗忘的关口

　　大兜路再往北，过了大关桥，沿运河两岸都是成片的绿地，这里是运河边最大的绿地，紧靠运河的是狭窄的石板路，林中也有起伏的小径通往幽深处。

　　在西岸，每隔十几米就有一个简易的小亭子，亭子周围还有各种讲述运河历史的雕塑。亭子里有看报读书的，也有谈情说爱的；石板路上有遛狗遛鸟的，还有年轻父母推着童车带着孩子散步；很显然，这里已经成为杭州人休闲的好地方了。

在东岸,桥头上"关"字壁极吸引人眼球。黑色的古代人像雕塑、绿色书法配上灰色的高墙,整个基调很沉重。穿过狭小的石板路,行到北新关遗址时道路就豁然开朗,一个运河边的小广场出现在眼前。广场大约有一个篮球场那么大,分上下两层,上层承接着前后的绿化带,正中间有一座石拱桥通往外面的大马路。上下层之间有阶梯。下层平台延伸到运河中,是一个亲水平台,有工人正在亲水平台上整理石块。在上下层的阶梯中间斜枕着一块大石板,上书"北新关"三个大字。所谓"关"实际上是明朝时设立的税收关卡,关卡就设于桥上,以桥的名字命名。桥上收取陆路商人的关税,桥洞里收取水路商人的关税,不管走哪一路都免不了要交税。北新关是运河七关之一,到清朝时,此关每年征收税银达十万两之多,约占全国各关税银总额的 8.8%。不过,到了今天,垂柳之下的北新关已经没有当年的雄风。安静的关口上只有垂钓、放风筝的老人,给冷清的广场添上些许生气。

　　从北新关往北走是绿地。一片树林里有两幢复古的建筑。这里曾有一个青莎古镇,但现在只剩寥寥几栋黑瓦白墙的老房子,房子里也没有住家,都被饭店占据。唯一有趣的去处是木阁楼里的畲族馆。馆的建筑是一栋老式阁楼,上下两层,透明玻璃做外墙。一楼的客堂被装饰成畲族人家的样子,厢房里挂着畲族的民族服饰、生产工具,与畲族相关的图片和文字介绍挂满了墙壁。畲族是浙江山区里的少数民族,在运河边的老房子里能了解他们着实是意外收获。

杭州，这座城

小河直街历史街区
三河交汇人家多

在强烈的逆光下，一个个斜坡瓦顶在河边闪着金光，一棵棵柳树在房屋间隙中探出身子，垂下的柳条自由地飘荡在风中，乌篷船从这个桥洞钻到另一个桥洞。大妈提着拖把在河边清洗，一圈圈涟漪漂荡开，河面上漂过一拨拨金光。几个时髦的姑娘踩着高跟鞋踏进石板路，一群朋友坐在梧桐树下喝茶、聊天。这就是小河直街的日常生活。

小河直街位于京杭大运河、小河、余杭塘河三河交汇处。当地社区是清末、民国沿运河底层社区的延续,建筑和街区风貌都得到了不同程度的保留。简单来说,小河直街是运河民居的典型代表,带有浓郁的运河商埠文化。它的街区是一河两街格局,面街一楼为商铺,二楼才是民房。

前些年小河直街开始一轮大规模的整治,在外观上很好地保留了原貌,"下店上寝"依旧是现在街区的主旋律。当地的居民也可以自由选择是否搬回原地居住。有相当一部分居民还是回到了狭窄的河边小巷居住,不过他们已经不用每天倒痰盂和马桶了。

跟着在这里居住的老阿婆,走进细小的石板路,小河直街才真正出现在眼前。小小的木屋连绵而去,青石板依旧高高低低。穿过厢房,后门紧挨着铺着石板或鹅卵石的洗衣淘米河埠头,这是久违的江南老房子的味道。

不过,老街上新的变化正在发生着。时髦女郎踩着高跟鞋款款而来,摄影师们带着"模特"前来取景,河边树荫下前来吃晚饭的客人在摇椅上慢慢摇,原住民老阿婆和他们擦肩而过。石板路的木屋里头酱园、米铺、孵房等老字号、老店面保留着,同时咖啡吧、餐厅、时髦小店也落户这里。在落日余晖里,老屋的木窗里甚至传来浪漫的钢琴声。"修旧如旧"的小河直街,旧模样的人家里头已经未必是以前的"旧"了。

桥西博物馆区

博物的乐趣

　　桥西博物馆区是本书给起的名字，它指的是靠近拱宸桥西历史街区的一片博物馆建筑群，这些建筑聚集在同一个广场上。两栋建筑里有三个博物馆，它们分别是中国刀剪剑博物馆、中国伞博物馆、杭州工艺美术博物馆。

　　这一区域的博物馆建筑都是由工厂厂房改造的，巨大的透明玻璃"爬"上了工厂的外墙，透露着20世纪工厂的现代化改造风格。中国刀剪剑博物馆和中国伞博物馆坐落在同

一个厂房里,一踏进去就有现代的艺术作品悬在透明玻璃天花板上,而地下却是中式园林中的圆形门洞和砖墙,门洞之外是一片竹林,现代和传统的碰撞感十分强烈。

　　大厅的左右两边分别是两个博物馆的入口。青少年们左右环顾寻找自己喜欢的主题。我们先来看中国伞博物馆。一道小小的门里是一条黑暗的通道,通道里大红色的伞一顶顶在头上打开,大有"大红灯笼高高挂"的意趣。再往里走,现代化的展厅从许仙西湖借伞开始讲述伞的历史和文化,从西湖的绸伞到日本的舞伞再到西方的"洋伞",一顶顶美丽的伞在灯光下展开身姿,一个个伞的故事让人大开眼界。最经典的是在虚拟的雨景中,在似有似无的小水雾里,在白墙灰瓦下,撑着油纸伞的姑娘的背影让人回到了戴望舒笔下那个悠长又寂寥的雨巷。

　　"物开一刃为刀,两面开刃为剑,双刀相交为剪。"和温婉、秀丽的伞比起来,中国刀剪剑博物馆的展品要硬朗、利落许多。干将铸剑的场景在这里重现,青铜宝剑闪着寒光穿越时空而来。张小泉的精妙技艺被展示,精美的小剪刀让人们回忆起过去的生活。西洋

剑客迈着矫健的弓步刺出致命的一剑。刀剑铺里仿佛传来叮当作响的市井声音。观众既可以在展馆中了解刀、剪、剑的历史文化,也可以从生活化的视角去体验民间风俗、生活趣事。

走出中国伞博物馆和中国刀剪剑博物馆,左手边更高的厂房就是杭州工艺美术博物馆。博物馆上下四层楼,中间是一个直通顶楼的挑高大厅。大厅四周都是展示厅,中间位置的花坛里矗立着一个高大的佛像。大佛背后是透明玻璃电梯,幕墙上一棵工艺树遒劲地爬上了四楼。

走楼梯或坐电梯,四周展厅可以逐层观看。雕刻、陶瓷、织绣、编织、金属工艺、民间工艺美术六大类别分列展厅中。展厅内还配有第二课堂互动区,可开展各类丰富的工艺体验活动。最值得停留的是博物馆二楼。那里是工艺大师工作室与临时展厅,已经有十几个种类、二十几位大师入驻,展示了杭州工艺美术行业发展的勃勃生机。观众可以现场看到工艺品是怎样创作出来的。

这三个馆再加上拱宸桥边上的中国扇博物馆都属于杭州工艺美术博物馆管理。这里的厂房原先是杭州红雷丝织厂。走出厂房,背后就是运河和桥西历史文化街区。老厂房现在演变成了充满浓郁历史文化的博物馆群落,成了杭州城北新人文景观。穿行于博物馆间,是一次枕着运河记忆、带着怀旧情怀的寻知之旅。

拱宸桥桥西历史
文化街区

古桥边寻回老记忆

　　在拱宸桥下运河平静地流淌着，河西岸黑色瓦片画出水墨画般的轮廓，一个看似古老的街区排布在河边。那里有关于运河的古老回忆，在一番整修后以拱宸桥桥西历史文化街区的名字重新出现在运河边。

　　这个街区在古运河畔、拱宸桥西侧，北至杭州第一棉纺织厂保留仓库，南至登云路，西至小河路，东至京杭大运河。这一带曾经被称为"北关夜市"。"六行"（米行、鱼行、

纸行、酒行、柴行、洋行）、"六馆"（烟馆、茶馆、戏馆、菜馆、赌馆、妓馆）都在这里沿河筑店，繁盛时被称作"小上海"。今天，在老杭州人的记忆里，还留有当年街上的"阿德茶店""同福酱园"等传统老店、名店的影子。

　　这里曾经低矮狭小的木楼交错混杂，狭窄不平的街弄曲折蜿蜒，没有煤气，没有空调，没有抽水马桶。21世纪初，老街终于迎来了改造，走了的老居民们又回来了，老字号也重新回来，从明朝到中华人民共和国成立后各个时期的建筑几乎毫发无损地重见天日，一个新的"老街区"又回来了。

　　最大的改变是老工厂，漂亮的伞、扇、刀、剪、剑、工艺品"住"进了砖墙构筑的厂房。大玻璃幕墙盖在了工厂屋顶上，构建出现代化的几何图形。青石板路也重新铺就，平整得像是昨天才建好。河道边的石栏反而更老一些，有时代留下的沧桑感。老木楼的结构虽然还是木的，但外立面已经"刷新"，就像一个老人做了一次美容。

老字号们又精神抖擞地打开大门做生意。回春堂里每日人头攒动，老字号依旧生机勃勃。新颖的咖啡馆、书店、陶作坊……也走进黑瓦白墙的木楼，于是漂亮的装饰、现代的装潢裹着古老的外衣。木柱子周围都是店家精心摆布的花草，绚烂的色彩和棕黄的木色搭配出老街的新色系。时髦的玻璃幕墙里是五彩斑斓的陶罐，而反映在玻璃上的还是古朴的斜坡瓦顶、灰墙圆柱。在河边的空地上，硕大的遮阳伞摆开"龙门阵"。漂亮的座椅上坐着前来休闲的人们，几艘木船慢悠悠地在河上漂过。

在古老宅院的包围中，工厂的高大砖屋成为老街的重要文化场所。扇子的博物馆、传统技艺的体验馆成为这里的新主人，皮肤黝黑的黑人、包裹着头巾的穆斯林走进馆里，他们居然也能用巧手编制传统的竹器。

曾经的"小上海"早已经不是单一的商埠，休闲的、居住的、娱乐的、现代的、古老的、文化的、艺术的混杂着在运河边生长，让人不亦乐乎。

T coffee
坐在窗口遥望拱宸桥

秋日温暖的阳光下,陈女士带着外国朋友坐到了 T coffee 的窗口下,在这里伴着静静的运河,她可以坐一下午。

几年前,一样风和日丽的下午,一群海归 IT 行业的人站在拱宸桥下古运河边。他们选中了老街上新改造的一家铺位,位置非常好,离拱宸桥不过几步路,还背靠着运河。他们在这里打造了一个精致的咖啡吧,力争使其成为"杭城 IT 业精英的聚集地"。

IT精英纷至沓来，普通游客也常到这里坐坐。咖啡馆装饰风格简约但不简单，朝着街道的外立面几乎都是落地玻璃，阳光很轻易地就射进了咖啡馆。两个弧形遮阳伞让人想起欧洲的咖啡馆。一楼最显眼的位置摆了一个白色书架，架子上放满了书。最有趣的是中间放着一块黑板，加上黑板前的座椅，让人有了教室的感觉。靠墙的位置有一排座位，基座高出地面几厘米，上面还堆满了石块，让这块区域马上与其他地方区别开来。站上去一看，运河和拱宸桥都在木窗外。走木楼梯上二楼，还有更私密的空间。靠着运河的一边被隔成了三间包间，有点日本酒家的风格。

　　咖啡馆的咖啡品质尚可，意面和比萨味道也不错。创始人说，他们崇尚自然惬意，专注食材品质，坚持打造属于 T coffee 的新鲜、纯粹和惊喜。当然，最让人念念不忘的还是陈女士喜欢的那个窗口下的运河风景。点上一杯咖啡，拿上一本书，或许你也会坐上一下午。

杭州，这座城

拱宸桥
一座老桥一条运河

到了桥弄街往右手边一望，一座三孔石拱桥横跨在古运河上。一艘艘木船从半圆的桥洞下穿梭而过，激起一层水波。

这座石拱桥就是拱宸桥，它始建于明朝。拱宸桥长98米，高16米，桥面中段略窄，为5.9米宽，而两端桥堍处有12.2米宽。它是典型的三孔薄墩联拱驼峰桥，边孔净跨11.9米，中孔15.8米，拱券石厚30厘米。拱宸桥在杭州影响很大，拱墅区的"拱"字即指拱宸桥。

"拱宸"二字带有鲜明的封建帝王色彩,"宸"指帝王住的地方,"拱"即拱手,两手相合表示敬意。每当帝王南巡,这座高高的拱形石桥象征着对帝王的相迎和敬意。

中国的帝王早就不在了,但拱宸桥依然在。桥边有供人休憩的"之"字形长廊。古老的木柱撑起廊的四角,斜斜的瓦顶盖在上面。立柱之间有木椅连通,许多老人坐在那里休息,年轻的妈妈也推着童车来晒太阳,老婆婆开心地抱起孩子爱抚一番。

桥上青石板阶梯一级级通往桥顶,人们从四面八方赶来,踏上青石板阶梯,一步步跨上高高的拱桥。骑车的人都下车,沿着正中的石板坡吃力地推着车。破旧的石栏写满了老桥的沧桑。拱底下坐着一对可爱的神兽。神兽注视着南来北往的船只,就好像是它们的守护神。

过了桥是运河东岸的大广场,本地人在这里汇聚,跳起了广场舞。

过去,拱宸桥是杭州的标志,运河上的船夫们看到这座桥就知道杭州到了。归来的游子见到故乡熟悉的小桥迎面而来时,总会生出许多的欣慰和感慨。今天,站在桥上看,货船依旧川流不息,它们或许在证明:运河未死,拱宸桥还是活着的传奇。

运河文化广场

运河人家的游乐园

跨过拱宸桥到运河东岸，下了桥便是一个大广场。这个广场是当地人心中重要的地标，一得闲就会聚集在这里。

这个广场因运河而生，就叫作运河文化广场。一踏上广场，便能看见一块古朴的石碑，上面刻着弯弯曲曲的运河，写着京杭大运河千年的历史。另外还有几块表现运河故事的浮

雕,几座仿古拱桥静静地坐落在人工河道上,旁边玻璃做的"金字塔"也出现在河面上,远处一栋玻璃幕墙建筑反射着阳光,直插云端,新老建筑间恍如时光交错。

在南侧,一排仿古建筑十分耀眼。高高低低的重檐在河边起落,好似无声的音符唱着运河的歌谣。其实那是老牌的茶楼,闲来无事的人们会在那里喝上一杯清茶,望一下眼底的运河。

在茶馆的后面,一座宏伟的中国京杭大运河博物馆雄踞显要位置,那是游客最应该踏足的地方。在那里,上千件文物和史料以现代化的方式展示大运河,其中金色的运河城市模型和大运河实景风光令人大开眼界。

每当夜幕降临,附近的居民便走出家门,在广场上休憩。越剧迷在广场的"曲艺杂坛"尽情展示才艺,逛完商场的阿姨踏着轻松的步伐跳起了广场舞,还有一些人守着广场中央的音乐喷泉。在江南传统音乐声中,大型喷泉的水柱不断变换各种造型,灯光交替变换,与周边建筑物的泛光照明一起勾勒出一幅美妙的音画图案,柔美的灯光与静静的运河相辉映,与绿地、游人交织在一起。

这就是欢乐的运河文化广场。从古老的运河建筑到崭新的博物馆、商场、喷泉,运河一直是人们守候的美丽家园。

龙井九溪

这是春风得意、湖溪纷至的山地之旅。从龙井到九溪,从山到水,不是宽阔的大景色,而是幽静的、款款而来的美。要是想呼吸杭州自然的空气,探寻龙井的奥秘,非要来这里不可。

杭州，这座城

茶山里的风景线

西湖总是那么拥挤,可是人们偏要去。茅家埠分明就是去掉人流的小西湖。任谁也没有理由拒绝这里。无论是在栈道上张望,还是在苇荡里穿梭,又或是在瀑布上行走,这里的怡然自得都不是人满为患的西湖所能拥有的。

从湿地到山间,气象渐渐开阔。湿地池潭上的餐厅像是一个艺术杰作般等着客人们踏入。茶山上的博物馆更是打破围墙概念。这里融合了园林、茶山、溪水、建筑,它们可以不相干,但好像又分不开。你可以是来看茶园的,可以是来逛园林的,可以是来喝茶的,也可以是来长见识的。

从公路上山,从石阶下山,龙井八景的美淹没在溪水山谷里。从龙井八景到龙井茶室再到龙井村、御茶园,这是一条完整的龙井人文景观之路。几百年前皇帝、文人、高僧在这里求得名茶,在这里和自然融合。

更贴近自然的是九溪,几乎没有人为的痕迹,都是自然天成的美景。溪水纵横在山路的碎石子间,树木用颜色展示季节的变换,年轻人在光滑的石头上跳跃着。懂得自然之美的人总能发现这里的美。

九溪之下的山峦间也有古老学校的建筑美学。20世纪的美国教会留下了他们的审美和教化的印迹。100多年过去了,"剑桥"般的老房子还在绿色后面呈现出古朴的砖红色。这丝毫未曾改变的面貌一下子把人们拖回到了民国。也许时间在这里停止了,就为了等着你的到来。

茅家埠
西湖背后的湿地

穿过杨公堤，有一片绿野和湿地在西面绵延。面对游人兴盛的西湖，这里的湿地、古桥、庭廊、曲径都是幽静的。这里就是茅家埠。

茅家埠在西湖的西侧，沿杨公堤一直绵延到龙井路。古时去天竺朝拜的香道在此由水路转为陆路，因为众多信徒在此登陆，使得当地商业开始发展，故而有了埠。至于"茅"，一说是因为原来当地多为茅姓，另一说是因为当地茅草长得多。

今天的茅家埠已经没有了香客,大多是前来探幽的"闲散人员"。坐车去不妨坐到丁家山。方正的赵之谦纪念亭就在路边。穿过方亭,只见在灌木和丛林中一条木板铺就的栈道依着湖泊蜿蜒而去。栈道上一个个倩影在树影中穿梭,不一会儿便淹没在绿林深处。有时巨大的树枝横在栈道上方,让行走充满野趣。有时栈道也会紧贴水面,视野豁然开朗。近处湖面上的绿洲毛茸茸的,青草中长出数棵大树。不远处野鸭恣意漂浮着,偶尔突然急速扇动翅膀在水面划过。你还没有反应过来,湖面上就只剩下一片水波了。也有不知道名号的水鸟呆立于水中的木桩上,久久一动不动。在水鸟的对岸有一片青山。仔细看看,山体之中有茅草房子,有木桥,还有黑瓦白墙的古建筑,更有中国风十足的长廊、亭子。一片中国式的风光让人目不暇接。

再走一段,栈道演变成了更原始的小石板路,细小的青色道路在绿林中划开了一道口子。有时石板路索性换成了更野的卵石路。人们在间隔的卵石上奔跳着,收获久违的自然惬意。追求完美的婚纱摄影人时常出现在这里,利用这里的自然与幽静创造美的画面。

石板路深处湖面收窄,最后变成了小溪。小溪从卵石间流过,一个小小的瀑布就形成了。游人从芦苇荡和卵石上跨过,溪水在脚底哗哗流过。穿过古桥、古亭,茅家埠的水面又开阔起来。此时疏朗的天空和湖面遥相呼应,一排白墙黑瓦的房屋静待湖边,画舫缓缓划过。这就是西湖背后的湿地,一个清幽的世界。

杭州，这座城

中国茶叶博物馆
茶山上的博物馆

中国茶叶博物馆绝对能让你大开眼界。这个在茶山上的博物馆把环境和展示融为一体，是杭州最具观赏性的博物馆之一。

当茅家埠的水系式微之后，绵延的龙井山便崛起了。在龙井山的边缘，中国茶叶博物馆找到了自己的位置。在迷人的春日，人们自由穿梭在茶园里，孩子们在排列整齐的茶树

龙井　九溪

间捉迷藏，美女们惊讶地发现茶园是绝好的取景地——还未到博物馆，茶的魅力已经让人陶醉。

　　信步走上山坡，你会发现博物馆居然没有围墙。水系围绕场馆流淌。小石头在溪流间变成小路。红鲤鱼自由自在地游着。这里是山丘，是花园，是别墅群，也是园林。一眼望去，博物馆的建筑错落有致地散布在山间，其间有花廊、曲径、假山、池沼、水榭钩连，再加上大片的示范茶园，一派清新的田园风光。博物馆各个展示馆都很有看头，茶的历史、茶的文化、各地茶叶、各种茶具一一看尽。最后，博物馆中数个风格迥异的茶馆等着看客。在这里歇脚品茗，在茶香和甘甜回味中结束茶的文化旅途，堪称完美。

龙井八景

龙井山谷有风景

从龙井路的坡道缓缓向上便是著名的龙井所在。在上山的公路上有条小岔道往山谷里去，它常常被人们忽略。如果你沿山谷小路走去，会到达藏在低处的世外桃源，那是被人遗忘的龙井八景。

龙井八景位于龙井寺东北部的山谷中，西北以龙井路为界，北与西湖西景区相连，东南达南高峰山脚。这里因为乾隆的"六下"和御笔而留名，对于游览者来说则是一条谷地山路，小风景都集合在此。

  龙井八景的正规步道是从龙井路边的夕佳楼开始的。其实龙井路是山里的公路，而过去龙井问茶都走龙井八景的小路。龙井八景还有一条更老的古茶道，它直通更远的山脚，所以漫步在龙井八景你才能真正感受到乾隆甚至更早时代人们上龙井时的心情。

  避开无聊的公路，从古老的石阶走下去，慢慢揭开古而幽的龙井八景的面纱。龙井寺下龙泓涧湉湉而下，它越过崖壁，经过碑亭、古桥，飞流而下。丛林深处的方圆庵还是盖着古老的茅草，天圆地方的设计诉说着古人的世界观。当年它可是凤凰岭上天竺高僧的一段佛学传奇，今天已经是一家世外桃源般的茶馆。

  方圆庵下忽然有民居出现，伴着茶园，三三两两，黑色瓦顶镶嵌在绿色中。茶农们依旧过着质朴的生活，看到有客来便要问几声：要不要茶？龙泓涧流到民居之下囤积成池沼。涤心沼是山谷中一大亮点。清澈的池水边仿古建筑环伺，这些建筑是茶文化陈列室，更是环境清幽的茶会所。在传统石栏边，现代的遮阳伞为游客遮挡日头。看着清澈的水潭、古幽的建筑，再品一口清茶，生活真是美好。

  顺着清溪前行，真正的古迹才一一显露，它们躲在树林的背后，站在池塘、溪水畔，或者索性架在河上，或碑、或墙、或桥、或亭，风姿绰约而不被打扰。诗碑廊里又重现皇帝的笔迹，过溪亭的建筑设计精巧极了。还有山房、草堂、池塘，这些古人避世之地更能激发人们的隐居之心。

  最后是一条问茶古道。石板路伴着龙泓涧的溪水，又被龙井的茶园包围，径直通往龙井山下。乾隆在此地踏足过。今天你再走上这条古道，溪水依旧清洌，却不见古人的身影，只有零星的游客和前来幽会的本地情侣。

杭州，这座城

龙井问茶

古老传统的现代演绎

龙井茶，中国人都熟悉，而龙井问茶所在的地方正是龙井村边上的一片古建园林。长久以来，龙井一带出的龙井茶品质为最高等级。龙井茶其中之奥妙，唯有亲去龙井村品茗问茶方可悟出，因此就有了"龙井问茶"之趣说。从本质上说，龙井问茶是一项活动，并且从宋朝时就有，到了乾隆时期兴盛至极。

现在，你如果坐车上龙井，在车上就可能有人问你要不要到村里喝茶。龙井村茶农们的大部分收入来自问茶的游客。但等你下车时，"问茶"不用去村里。就在车站旁，有一个写着"龙井"二字的大牌坊，牌坊边的山石上就刻着"龙井问茶"。

牌坊后一条石阶通往山下，就在石阶下一个古典的中国园林浮现眼前。古朴的石栏围着一片池水，池子旁是一排仿古建筑，其中大部分是商店或茶室。这里过去叫龙井寺，后来荒废，中华人民共和国成立后变成了龙井茶室。中式建筑宽阔的屋檐下、空地上摆满了桌椅，许多本地老人聚在这里喝茶、打牌。景点中最大的看点是一口老井，它就是龙井泉。井边有许多造型夸张的假山，假山上有很多题字，边上还有一个听泉亭，一看就有些年岁了。名扬天下的西湖龙井传奇就是从这口泉井开始流传的，因此只有看到这口井才算真正问到龙井茶。

再往里走，顺山道往上依旧山林密布，亭台高踞在假山上，山下池水碧波荡漾。在山顶上古老的御书楼迎来新生，中国传统茶道和西式下午茶在这里结合，茶坊概念店满足游人"中茶洋喝"的奢华欲望。

龙井茶室不远处就是龙井村，这个茶山下的小村庄同样是问茶的好去处。走在龙井村的小路上，时不时就有村民来招揽生意。这里到处都是茶室，它们也兼营农家乐餐饮，几乎家家门前都放着大大的招牌。背后是层层绿波般的茶林，每逢清明前后，谷雨时节，茶农采茶、炒茶，香溢林下，游人慕名前来问山、问水、问茶、问茶道，更问龙井情，堪称西湖春游的第一快事。

御茶园

皇帝的私家龙井

普通人问茶止于龙井村，皇帝问茶止于何处呢？当然不是龙井村，而是狮峰之上。狮峰本来是龙井山上一个普通的山峰，因龙井而名扬天下。

狮峰的名分大多与皇帝的眷顾有紧密的关系，乾隆南下时把狮峰胡公庙前的18棵茶树圈为御用，自此有了御茶园和"十八棵御茶树"。

在狮峰山峦之上，"十八棵御茶树"至今还活着，边上围着石栏，整个山头都已经成

为一个重要的景点。你不要以为这里只有18棵茶树,其实这里是一大片山林和茶园,更有许多古典园林建筑点缀在山坡上,盘龙雕凤的石栏里御茶树矮矮地长着。御茶树之上一条石阶向上而去,几步路外就有一个圆形拱门,拱门之上大大的檐角翘起。门后院子里竹林、芭蕉绿油油地长着。院子里巧妙地布局着御茶阁、狮峰楼、龙井居、九溪源几处仿古建筑。它们各有姿态,每走几步都有新的景色浮现。到了老龙井还有一只老龙头吐着水,古朴意蕴十足。

这些建筑也不只是摆设,如果不在龙井村喝茶,可以去山上的御茶园里喝茶、吃饭。价格比村子里贵,但口碑很好。这里不仅风景极佳,做的菜也比山下农家要精致得多。许多人都慕名而来。额外的好处是在餐厅里用餐能免去景点门票。于是在古典的中式屋檐下人们享受着精致美食,体会以前皇帝龙井问茶的感觉。

杭州，这座城

九溪十八涧
龙井山里的溪流们

　　从龙井村的茶馆出来沿龙井路南下，几里之外会发现一条隐没在树林里的蜿蜒小路。如果顺道而下，又有数条溪流交错流淌，风景隽永。这里便是九溪十八涧，是林间漫步的胜地。

　　九溪十八涧的形成源于龙井村一带的地貌。这里的地形像是一个漏斗形的盆地，盆地周围的山岭基本上由砂岩组成，只有东北角靠近龙井泉处露出了石灰岩。在龙井盆地中，

四周山岭坡面上无数细小的水流都向盆地中心部分汇聚，形成了"万壑争流下九溪"的美丽景色。

九溪据说都发源于杨梅岭，溪水穿越青山翠谷，又汇集了无数细流，所以称"九溪十八涧"。实际上古人取此名多数是因为"九"在数量级中最大，在九溪十八涧山林中的河流岂止18条？漫步在山区，溪水流经处，草木丰茂。若是在秋季，红的、绿的、黄的叶子漂在溪流上，有时还有粉色花朵顺流而下。溪流边的山也不高，大部分时候都有层叠的茶园分布其上。碎石板铺就的山路虽然曲折，但很平缓，走起来毫不费力。许多溪流就从石板路上流过，若是湍急，便会有高出地面几厘米的石块铺在路上，人们就从石块上欢快地穿过。女孩子们还特意在石块上以溪流做背景拍照。

山路从龙井村一直通往九溪烟树，为不能行车的小路，风景秀丽，又清幽自得。大自然的爱好者们在路上享受清新的空气，毫无匠气、淳朴的山林溪涧让他们又重回自然的怀抱。

九溪烟树

姹紫嫣红的山林湖泊

从九溪十八涧的小路一路走下去，最后在山下会见到一条可以行车的"大道"。下午，一辆辆商务车纷至沓来，车上通常会走下穿着礼服的新人们和拿着相机的摄影师，这一批批拍婚纱照的人前来寻找的就是九溪烟树的美景。

九溪烟树严格说来是九溪十八涧的延伸，中心点是九溪菜馆前面的一片溪滩和公园。九溪在这里形成一个大水潭，一边是山林，一边是大道，绿树、红花环绕，林间拱桥、假

龙井　九溪

山若隐若现。春秋两季这里尤为漂亮，要么红花如霞，要么红黄落叶缤纷，湖岸、湖面烟霞景色相映。游客在这里穿梭，给美景带来人气。他们穿过拱桥，踏上栈道，沿湖岸寻找美景，有时一个好的摄影点上要排队等候拍摄。最有烟树气韵的是拱桥处，桥边有一丛枫叶，每到秋季都会"火"一般红着，站在对岸看，真有烟树湖桥的意境。

沿公路行走，一路上一直有溪水相伴。不过几步就有一个瀑布哗哗流着，鲜花和树叶也随着溪流而下，许多人都走近和溪水亲密接触。北面的一条山路中有理安寺，寺里有曾经和虎跑泉齐名的古泉"法雨泉"。若再往北，可以到杨梅岭。往南则可到之江边。一路都是绿野烟树相伴，是漫步的绝佳之地。

杭州，这座城

浙江大学之江校区
青山古屋间的美丽校园

浙江大学是中国的知名学府，也算是一所百年老校了，它的前身是 1897 年创建的求是书院，在著名学者竺可桢的带领下成为民国时的中国顶级学府之一，英国学者李约瑟曾经称它是中国的"剑桥"。

现在的浙江大学是中国的重点大学，校区多达 7 处，众多校区中最有民国气息的要数钱塘江边、大凰山下的之江校区。之江校区的前身是清末、民国年间另一所知名学府之江

大学。之江大学是基督教美北长老会和美南长老会在中国杭州联合创办的一所教会大学，它的历史甚至比浙江大学的前身"求是学院"还要早。

也许是因为教会学校和身处山峦之上的缘故，之江校区保留了大量老建筑，在青山的陪衬下成为浙江大学最有韵味的校区之一。整个之江校区有十五六幢老楼。从之江路公交车站背后攀山路而上，浙江大学这些老楼在山坡上一一呈现。高大的红墙躲在绿色的石阶后，大钟在绿色的包围中特别醒目，宽阔的草坪上，斜斜的山道边一座座红楼接踵而来。红色的砖楼传送来英伦的风情，确实有"剑桥"的影子。一直爬到校区的高处，一座灰楼才打破红楼的垄断。不过，就在它的不远处，上下两座别致的红楼抢回了风头，它们叫作上红房、下红房，是山地上的别墅，大约在20世纪初建成。红房子都是空的，关着门，圆拱门廊、雕花柱子留有古罗马建筑痕迹，相当考究，据说司徒雷登曾住过下红房。

循着山路下行，在图书馆前可以俯瞰到另一座灰色的建筑"小礼堂"。这座当年的礼拜堂坐落于"S"形的山路边，绿树把它包裹起来。朴素的尖顶和别致的塔楼都让它显得与众不同。如果你有幸进入建筑内部，会看到在原汁原味的外表下礼堂有着现代化的灯光和天花板设计。

走在校区的林荫路上，错落有致的欧式建筑让人仿佛又回到了百年前的学校中。就连新建的教学楼都仿照了当年的风格，让这里的氛围统一起来。游人走累了，就坐在钟楼下的台阶上，或青草丛中的铸铁椅子上，无论望向哪里，时间都仿佛停在了20世纪初……

五柳巷
御街
河坊街

「西湖歌舞几时休？直把杭州作汴州。」当年诗人留下的杭州面貌离我们那么遥远，那个南宋的古城似乎蒙上了层层面纱，似有似无。恐怕只有转入那些老街旧巷里，在黑瓦白墙下的石板路上才能拾起古都的点点滴滴。

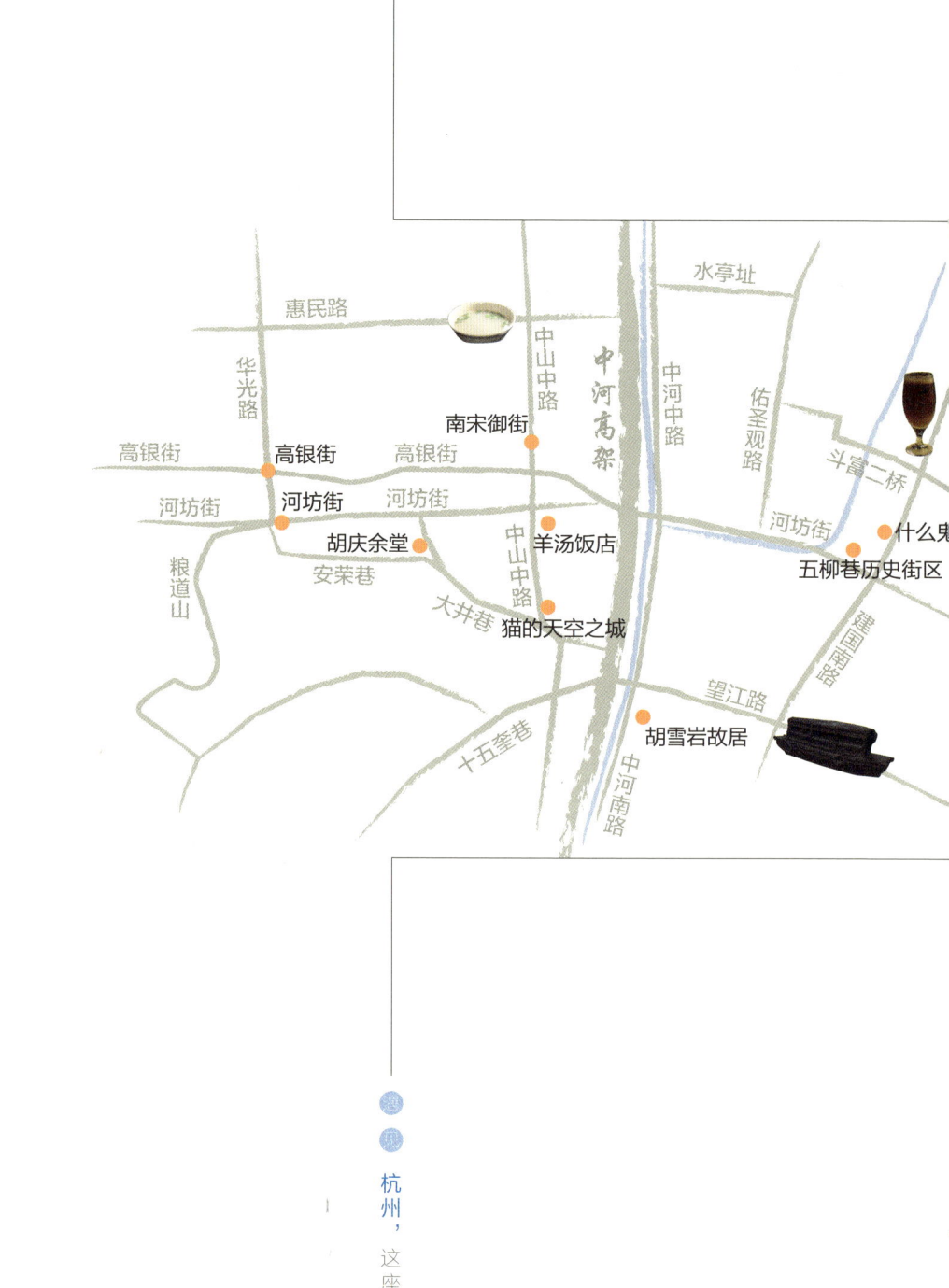

杭州，这座城

老城郭里的南宋遗风

曾经的护城河上依旧漂浮着杭州人的小船,两边的街巷如毛细血管般生长,这个因园得名的五柳巷几乎是旧时杭州市井唯一的"幸存者"。新的商业模式虽然不经意间已经占据一角,但更多的是顽强生存的杭州"老底子"。至少建国路上的中医铺依旧兴旺,这老医馆和新鲜、活泼的芳庭都是旧巷子的存在。未来它们还将强烈对比着共生下去。

如果五柳巷讲的是市井小民的生活,纵贯古城的御街则是皇家记忆的留存。横空出世的精致街道似乎还能让你沾染些皇家气。涓涓流淌在街边的水渠似乎又将明清气氛找了回来。突然出现的玻璃罩把人们的视线引到地下,曾经的皇家辉煌一层层地被掩盖起来。御街上一层街土就是一朝兴旺。现在,21世纪的艺术家、设计师们又盖上一层当世的土。

最热闹的老街还是河坊街。这条本就在历朝历代扮演商业重镇角色的老街,到了当代愈发红火了。满街的人流乌压压地流动在明清的屋檐下,老字号们仍然活跃,当代的商家又吹响了生意的号角。吆喝声此起彼伏,长袍短褂跑前跑后,巨大的胡庆余堂防火墙引人注目——分明是《清明上河图》的景象又一次出现在中华大地上。

高银街上活色生香的美食是历史在舌尖上的沿袭。而猫空这样小巧精致的店铺无疑是新时代年轻人生活趣味的写照。胡雪岩的宅院隐没了又被发现。

杭州，这座城

五柳巷历史街区
老巷子里的杭州"老底子"

东河上一艘小舟缓缓划过，两岸的旧巷静静站立，游客站在船头望江南水乡的民居，似乎要看到杭州的"老底子"，这个老底子就是杭州的五柳巷历史街区。如果杭州是一个古都，那么这里几乎是市中心仅存的杭州老底子的市井模样。五柳巷历史街区北靠西湖大道，南至河坊街，东依建国南路，西达城头巷。巷子里古老民居是古老风貌的遗存，几乎每一砖每一瓦都有故事。

历史街区的中心是一条东河，东河曾是宋时的护城河，到了元代因城市扩张才变成了

城内河。东河的河畔上狭窄的巷子就是五柳巷，它因为曾有皇家园林——五柳园而得名。而今狭小的巷子里早已没了皇家的气息，平民百姓钻进低矮的江南瓦房过着平凡的生活。东南角斗富一桥下的巷子口被重建过，古朴的扇子店开着老式的木格窗，边上的江南民居被粉刷一新，洁白的墙上满是巨幅彩绘图案，再往里是开在老房子里的美丽咖啡馆，有趣的是，巷子商业化止步于此。接着几乎是原始状态的老巷子，人们还在巷子里穿梭，到了傍晚有人拿出煤炉来烧，一阵青烟从瓦顶冒出来。

过了斗富二桥有步道紧贴着东河。走上这条小道，一边是高大乔木，一边是东河，河对岸是同样古朴的老巷子。小道上还有水上巴士的巴士站，游弋在河道上的公交小艇也是这老城里的一道风景。小道之外的五柳巷里许多横向小弄相交，通过这些小弄可以随时到建国路。有时三昧菴这样的历史建筑还藏在小弄里、转角口，让人体会到清末民间江南民居的变化。还有许多小型工作室、设计现代的小店、古朴的茶馆出现在弄堂里、马路边。有的弄堂空中挂着一排排鸟笼，里面不养鸟，反而在中间位置用书法写着杭州方言。

靠近建国路的许多民居白墙上又出现了壁画，于是在真实的木格窗边的白墙上又出现"木格窗"，"窗里"大夫正在行医。这些画面的出现是因为建国路是"中医街"。建国路上与中医相关的壁画更为丰富，几乎只要有白墙就会画上中医的故事，或者写与中医相关的书法。一间间古典式样的中医铺在街上开着，六七家老字号同时开业行医，规模庞大，当地社区的老人常来这里就医或听中医养生课。

相对东边更原生态的街区，西南面的五柳芳庭是重新开发的街区，餐厅、美术馆、咖啡馆、酒吧入驻古老的民居，漂亮的彩绘在木格窗门边艳丽地展示着当代涂鸦的美。铜质的欧式路灯、木窗上拱起的遮阳罩、红色的当代装置和江南黑白色调的民居形成强烈的视觉对比，街区里艺术装饰无处不在，七拐八弯的弄堂里，你不知道下一个拐角之后藏着什么样的惊喜。

许多年轻人来这里寻找杭州的老底子，有趣的是现代的商业文化已经重新粉饰部分老街。老底子的房子、弄巷里装满了显而易见的商业企图，预示着这片老区总归要走上新生的道路。

什么鬼
"80后"的小资咖啡屋

　　五柳芳庭是五柳巷投入大笔资金的整体开发项目,但效果并不明显。就在它的对岸,几个"80后"也开始了他们在五柳巷的创业。年轻的、本乡本土的杭州人在河边小房子里开出了小小的咖啡馆,相对五柳芳庭的大规模,这里简直是小打小闹。不过,这个小店却以某种亲切而又小资的风尚吸引了不少人驻足,某种程度上日子过得比对面还好。

　　这家店叫"什么鬼",一听名字就知道是年轻人的杰作。店铺坐落在五柳巷东河的东岸。

　　一个老式的民居摇身一变成了河边的咖啡屋,光滑的木结构里装满了大玻璃,整个咖啡吧完全暴露在行人眼前。虽然五柳巷大部分地方狭窄、逼仄,但咖啡馆前却有一片"广场"。站在"广场"看咖啡屋,顶上有优雅的斜坡屋顶,背后数个屋顶像群山一样交叠着,古典屋顶之下落地玻璃让屋子变得晶莹剔透起来,晚上点起灯来就像一个水晶屋,再配上水墨般的屋顶和皎月,就成了一幅另类的美丽画卷。

　　咖啡馆里面积不大,随意放着几张桌子,三个吊灯点亮吧台,天花板下的黑板上写满了饮品。虽然屋小,但还是挤出一面墙放了一架子书,书架上挂满了文艺照片。老板和老板娘亲自坐镇吧台,店里可爱的蛋糕出自老板娘的巧手,而帅气的老板则是正宗的咖啡师。漂亮的蛋糕几乎俘获所有女孩子的味蕾,尤其是少见的舒芙蕾,它已成为店里的一大招牌。老板擅长手冲咖啡,还有传说中的龙猫卡布,形状奇特,很见手上功夫。

　　店里还有很多精酿啤酒,老板特别喜欢向顾客推荐世界各地的啤酒。不过,老板坦言,自己有时很散漫,逢年过节时不时就丢下店去旅游,让很多慕名而来的客人望门兴叹。即便如此,这家店也已经是五柳巷里的人气店铺,几年下来已经是小资们、情侣约会的热门地点,而另一边的五柳芳庭却已经换了好几拨店。

杭州，这座城

南宋御街
一层层盖上去的历史

　　如果时光回到南宋，御街就是当时中国的长安街。1万多块石块铺就一条南宋临安的中轴线。御街南起皇城北门和宁门（今万松岭和凤凰山路交叉口）外，经朝天门（今鼓楼）、中山中路、中山北路、观桥（今贯桥）到今凤起路、武林路交叉口一带。它是皇帝于"四孟"（孟春、孟夏、孟秋、孟冬）到景灵宫（今武林路西侧，供奉皇室祖先塑像的场所）朝拜祖宗时的专用道路。对老百姓来说，平时它是一条商业街，街边商铺林立，近一半百姓都居住在这条街附近。

　　再辉煌的御街也一度淹没在一层层的历史烟尘中。2008年，御街的综合保护和有机更新工程开启，让昔日的御街重新辉煌起来。

　　西湖的水被引入街道，街道两旁水渠相通，石板之下水流哗哗，几步之外就有水池散落，有了南宋的园林气息。梧桐树之间有香樟树陪着。秋冬季梧桐落叶铺地时，空中还能看到香樟的绿意。两边旧居屋顶的斜坡都被保留着，还铺上了新的青瓦，让一股墨色渲染着蓝天。青墨间一个个突出的老虎窗更能营造浓郁的江南趣味。也有西洋味道的民国建筑在某个局部建立起欧洲范儿的天际线，欧洲风格的老楼带着深沉的灰色和谐地融在老街的肃穆里。

　　屋顶之下大部分都是青灰白的传统颜色，仅有的金属也都是深色哑光的。一个个店主在古老的木门窗里做着营生，现代商业的鲜亮色彩和灯光与灰白的古典基调碰撞出有趣的火花。绿色的藤蔓爬上了街口辉煌的牌坊，金漆黑底牌匾外的梧桐是它永远的观众。美术学院院长设计的几何扭曲状建筑居然堂而皇之地"入侵"老街，它们靠着淡雅的色彩和木构件的运用出人意料地与老街融在一起。游人们踩着青石板到处寻觅古老御街的气息，穿梭在各种"古迹"前，更热衷于进入新开的"老店"开开眼界。

　　御街上真正的古迹是开放式的御街陈列馆。街道上的透明玻璃下道路被挖开，露出上千年前的御街遗迹。最有趣的是它们还不是同一历史时期的，像是历史断层般，是不同时期一层层地覆盖上的。从南宋到民国，不知道多少层红尘在这里盖上，多少御街故事在这里发生。

漫刻 杭州，这座城

高银街
新旧交错的美食街

高银街原本是清河坊背后的一条小巷，在南宋时叫肉市巷，又叫灌肺岭，以出售糯米灌猪肺出名，后来历经一系列的改造，巷子扩张成了街，高银巷更是从一条小巷变为灯火辉煌的美食街。

在高银街这条不宽的街道上走一圈，你会发现食肆一家挨着一家，巨大的招牌挂在楼外。到了晚上，成排的霓虹灯花枝招展地在夜空闪烁，把整个街道照得灯火通明。街上还

五柳巷　御街　河坊街

有许多服务员拉着过往客人推销自家的美食。在这条街上散布着 30 多家餐厅，不只是杭州或江南味道，川、鲁、闽、粤各地美食皆有。除了大饭店，还有好多小吃店穿插其中，汤汁浓稠的"咬不得生煎"是许多人在高银街上的最爱。有一条河坊美食街贯通着高银街和河坊街，这条细小的街道两边小吃铺林立，全国各地的美食都能在这里找到。街道终日里热气腾腾，人山人海。街上的人们边吃边走，边走边吃，一不小心就吃到了河坊街。

杭州，这座城

河坊街
老街重现清明上河图

河坊街是一条有着悠久历史和深厚文化底蕴的古街。它位于吴山脚下，是清河坊的一部分。它曾是古代都城杭州的"皇城根儿"，更是南宋的文化中心和经贸中心。街上的老字号，如孔凤春、万隆火腿店、种德堂、翁隆盛茶庄等，即使在今天杭州人依然耳熟能详。

杭州的旧城改造非常彻底，老城痕迹难觅。在世纪之交时，河坊街作为仅存的硕果，

体现了古都街区被重新定位和改造的风貌。它逃过了被拆除的命运，反而迎来了新一轮的商业兴旺。

商铺林立、人声鼎沸的河坊街街景似乎是清明上河图的再版。大部分老建筑都原汁原味地保留了下来，不是明清江南建筑，就是民国时期洋房，甚至连麦当劳都开在洋房里。杭州的百年老店一家挨着一家，一幅幅店招迎风飘扬，十几家老字号守着明清旧宅做着老营生。路中央填满各式货摊，胡庆余堂巨大的墙壁前也是街铺成排。

沿河坊街一路走去，隔三岔五地总有一家茶馆吆喝着。茶馆既做喝茶生意也做卖茶生意，卖的茶都是现炒的。身着长衫的跑堂提着长嘴茶壶麻利地给客人倒上开水。

手工艺人和卖艺的也是重要的看点，捏面人、拉洋片、皮影戏、画肖像……连小店里卖麦芽糖块的男子，也穿着长衫摇着拨浪鼓招徕顾客。此情此景不知能勾起多少甜蜜的回忆。

不长的街道上有不少传统小吃摊，定胜糕、葱包烩、臭豆腐、油酥饼、酱鸭、酱肉……美食的香气弥漫在街道上。美食街总是人山人海，露天座经常满座。状元馆的虾爆鳝面、王润兴酒楼的乾隆鱼头都是游客们割舍不下的眷恋。

入暮时分，景观灯打亮了屋檐、瓦片，一片橙黄勾勒着天际线，青白色的骑墙、明晃铿亮的牌楼，河坊街在冷暖相宜的光照下显得韵味十足。人们在被勾勒出的古建筑的线条中徜徉，仿佛又回到了明清时代。

胡庆余堂

百年老号江南药王

"北有同仁堂,南有庆余堂。""江南药王"的故事长盛不衰。在中国,虽然有数不清的大大小小的中药号,但最有名的被大家公认的只有"两家半"——北京的同仁堂算一家,杭州的胡庆余堂算一家,广东的陈李济算半家。同仁堂与陈李济的古建筑包括作坊已全部被拆掉,换成新造的房子,没有传统特色,只有胡庆余堂保留了下来,古朴中隐现着几分神秘,优雅里蕴藏文化积淀。

有幸留下的胡庆余堂就坐落在古色古香的河坊街上。这座医堂是国内保存最完好的晚清工商型古建筑群，有着典型的徽派建筑风格。整个建筑形制宛如一只仙鹤，栖居于吴山脚下，寓示"长寿"。恢宏的建筑、辉煌的大厅、精湛的雕刻以及特立独行的经营格局至今犹存。

时至今日，胡庆余堂依旧是中医铺。百年来医堂里几乎没什么变化，烫金的胡家家训还是那么醒目。许多游人特意来这里探勘一番，回味一下历史。当你进入店堂后要特别留意它的台阶，每级只有10厘米左右高，而且非常平缓——这是为了方便前来就诊的病人，可见胡雪岩早就深知人性化服务的重要性。宽阔的大厅里，雕梁画栋的木结构下是整齐的中药柜台，来自各地的游客们围拢在柜台看着各种中成药。再往里还有药膳厅，它向游客提供强身健体的药膳服务，这种中药和美食的结合成为最特别的体验。

胡庆余堂大部分建筑实际上用作胡庆余堂中药博物馆。这是我国唯一的国家级专业中药博物馆，也是唯一一家以企业名命名的国家级博物馆。博物馆就建在"红顶商人"恢宏的徽派建筑内，有陈列展厅，展示中医名人故事、中医药的发展等。中药作坊里游客还能亲自体验制药的乐趣。游览整个博物馆也是对徽派建筑进行一次实地探访，牌匾、大字、三进院落、前店后厂、木梁、门窗都是晚清木建筑中杰出的代表。

当年盛极一时的"红顶商人"一夜家败，唯有胡庆余堂照常营业。至今医堂的几大训诫牌匾依旧高悬，胡庆余堂"长寿"的原因也许就藏在这几个匾额的背后。

羊汤饭店
老字号的羊鲜

从御街到河坊街,老字号不稀奇,但是吃羊肉的老字号只有一家,那就是羊汤饭店。

羊汤饭店的灰色老楼立在御街南端的水渠边,是一栋优秀的历史建筑,带有鲜明的民国洋楼风格。这是一座三层洋楼,两边有小阳台突出,阳台下有漂亮的卷柱和浮雕,中间露出精致的券拱玻璃窗。洋气的小楼上怀旧的锦旗飘扬,门口的匾额招牌金光闪闪。

羊汤饭店开创于清乾隆五十三年(1788年),原址在羊坝头凤凰寺对面,中华民国十六年(1927年),因修建中山路而迁至现址。数百年后踏访羊汤饭店的顾客依然络绎

不绝。冬季,每天一早就有老杭州人来此等候,他们期待着头一碗羊肉汤。杭州出名的羊肉铺子本不多,羊汤饭店这样的老字号自然就更受欢迎。

走进玻璃门,熟悉的老店气息扑面而来。红漆的桌椅摆满店堂,穿着白大褂的服务员在忙碌,筷子在竹筒里开出一朵"筷子花",楼梯前是大大的收银台。店里一楼是吃点心、小吃的地方,楼上是点菜的。

这里点单要先去柜台。收银的阿姨保持着"国营派头",服务总是不冷不热,但聊起店里的特色和吃法就会热情起来。羊肉汤是本地老人的最爱,清香奶白,味道鲜美。最好再配上皮薄肉多的羊肉烧卖,一口咬下去还有鲜美的肉汤溢出。羊杂汤的点单率也较高。不过,羊杂的膻味较重,口味清淡的人士要慎点。除了羊肉特色外,这里还有许多杭州老菜式。用老杭州人的话来说,这里的味道一直没变。

虽然羊汤饭店不提供饕餮大餐,但有着高性价比和怀旧气氛,无论是菜的味道还是穿白大褂服务员的腔调,都能让你找到老杭州的感觉。

杭州，这座城

猫的天空之城
有猫的创意书店

　　几年前，一家名叫"猫的天空之城"的小书店诞生在苏州平江路上，当时整个店里只有 4 张小小的桌子，总共才卖 500 本书籍。短短几年时间里，书店快速扩张，现在在全国已经有了几十家门店。书迷们亲切地叫它"猫空"。

　　2016 年 7 月，猫空来到了御街。在一栋带有鲜明明清风格的老宅子里，猫空找到了自己的坐标。门前溪水涓涓，御街的石板路在这里画出一道曲线，木格子的窗和门都装上了大玻璃，画着蓝天白云的细条帘间隔着挂了下来，这让店堂里的情景忽隐忽现起来。

　　猫空共有两层楼，底楼的柜台上时常躺着一只懒洋洋的猫，店员无聊时也会抱起来玩一把。店里墙上都是书架，一些小众的书也能在这里找到。还有一面墙放满了明信片，"寄给未来"的明信片是猫空最出名的概念。在这里可以任意选择自己喜欢的时间寄出明信片。

　　大堂中间摆满了柜台，柜台上精美的文创产品琳琅满目，总有几个姑娘围着柜台转。哪怕是简单的玻璃胶，一旦有了创意设计，再加上整齐的排列，便像一个后现代的艺术装饰。

　　房子中间位置是上下打通的，原来的瓦片屋顶改成了玻璃结构。一串串以木窗格花纹为主题的明信片从屋顶悬下来，好似雨帘一般，成为一个景观装置。

　　二楼感觉更像一个咖啡馆。人们可以坐在这里喝咖啡、吃甜品。靠近街道的一侧还有阳台，可以看街上的风景，享受自然的阳光。

　　猫空是一个书店，也是一个咖啡馆，或是一个杂货店。有人来喝咖啡，有人来阅读，有人来摸摸猫咪，还有人给未来的自己寄上一张明信片……就在千年御街的喧闹里，来这里的人们找到了自己喜欢的创意和幸福。

杭州，这座城

胡雪岩故居
"红顶商人"的遗迹

河坊街的东南面有一条极其狭窄的小道，叫元宝路，沿着这条小路往里走，元宝没有找到，却能看到比元宝更珍贵的一套清末"豪宅"，那正是一代巨贾胡雪岩的故居。

胡雪岩恐怕是中国人最熟悉的一位清末商人，他曲折多舛的人生历程一直为人们所乐道，而他人生最后的跌宕起伏几乎就在细小的元宝路上、在奢华的胡宅里发生。

胡雪岩故居建于清同治十一年（1872年），当时正是胡雪岩事业的巅峰时期。不可

一世的"红顶商人"投下巨资，耗时3年建起自己的"宫殿"。1875年，一座富有中国传统建筑特色又到处可见西方细节的美轮美奂的豪宅矗立在狭窄的元宝路上。

这座建筑占地面积7 200平方米，建筑面积5 815平方米。无论是建筑，还是室内的陈设、家什，都会令你大开眼界。建筑之精美，用料之考究，堪称清末中国巨商第一豪宅。

踏进这座宅子，你会发现好像走进了迷宫。跨过一道又一道门槛，走过一进又一进院落，这宅子好似无底洞。朱漆木柱子上满是攀龙附凤的木雕，小小的石栏也要精雕细琢。古朴的木格窗上装上了西式的蓝色玻璃。周旋于明廊暗弄间，亭台楼阁忽然出现，又忽而不见踪影。半拉的斜坡顶下是微妙的廊，迂回的青瓦白墙边是"锁春"小花园。小桥流水随时会出现，红鲤鱼悠哉地在竹子下享受自由。先人遗像在祠堂正襟相视，文人墨宝在书房墙上挂着，一块块家训匾额高悬于门楼之上。红木做的官轿极尽奢华之能事。最后，游人沉浸在芝园里不能自拔。他们爬上嶙峋假山，俯视小桥上高高翘起的6个亭角。晚霞余晖照红了凸起的骑马墙，又映到它面前的池塘里，染红一片碧波。

除了建筑和园林，故居里还展示了胡雪岩的一生。官商结合的发展路径也许注定了他的成功与失败。一路败落，这个价值300万两白银的故居只能以10万两的价格贱卖。斯人已逝，其物犹存。胡雪岩故居几易其主，历经沧桑。要不是民国工程师留下的图纸无意间被发现，这间瑰丽的宅院可能就消失在了历史的尘埃里。想到这些典故，故居似乎又多了些深意，每个人应该都会有一些自己的感悟吧。

这是一条有意思的线路，对于博物馆爱好者来说，它一定是最佳线路，共有四个博物馆，看点十足。如果不爱逛博物馆，走后半程的山林就足矣。

杭州，这座城

山路起伏间的博物馆之旅

从杭州博物馆开始,一段在山林中游走的博物馆之旅就开始了。其中杭州博物馆和浙江美术馆是两个大馆。对杭州有兴趣和对美术有感觉的自然要多花些时间去看看。如果对丝绸好奇,中国丝绸博物馆一定能让你大开眼界。此外,它奇妙的建筑和园林设计也独具特色。这里还有漂亮的咖啡馆和礼品店,许多非常值得带回去的文创纪念品在这里都有售。

八卦田遗址公园和南宋官窑博物馆都和南宋皇家有关。于前者你可以看到八卦形状的皇家农田,甚至可以把它当作露天的中国农事博物馆。后者是在龙窑遗址上建起来的博物馆。有瓷器情结的可以多看看馆里的藏品。不爱好瓷器的,倒不妨在它宋风浓郁的园子里看看风景。此外,在八卦田背后的山上有许多遗迹和观景台,喜欢登高望远的一定要花些力气爬上去,八卦田和西湖的风景一定不会让你失望。

从六和塔到虎跑、满陇桂雨、杨梅岭是一条风景秀丽、传说众多的风景线。山林中的这些景点可以让你享受大自然的惬意。

杭州博物馆

千年杭州一馆中

杭州博物馆在吴山的山脚下。穿过热闹的吴山广场，在河坊街的尽头有一排石阶，石阶之上就是杭州博物馆。杭州博物馆的前身是杭州历史博物馆，是一座反映杭州历史变迁的综合性人文博物馆。可以说，杭州上下几千年历史都浓缩在这座博物馆中。

从外表上看，博物馆是一个典型的当代建筑。奶白的墙砖贴满墙面，屋顶设计成了半拉斜坡顶的样子，一个叠一个。屋顶都是玻璃做的，有着很强的现代质感，但斜坡顶又借鉴了杭州本地民居的样式，过去和现代交融着。

博物馆分南馆和北馆。馆藏逾万件，涵盖了陶瓷、书画、玉石、印章、钱币、邮票等各类文物。

南馆的主题很文艺——"最忆是杭州"。如主题所示，展馆极具叙事性地讲述了杭州的人文历史、文脉传承，虽然不是面面俱到，但编年体式地截取了杭州城变迁的重要点滴，凝固了杭州的"最忆"时刻。场景、模型、虚拟数字化技术、声光电一体等智能展示方法在博物馆中兼容并蓄，深度挖掘文物内涵的知识性、趣味性和参与性，观众的五感被充分调动，他们边走边看，边看边玩，仿佛进行了一次穿越历史的时光之旅。

北馆的陈列分门别类，邮票、书画、文玩、出土文物分列四个展厅。书画馆门口的大幅 LED 山水水墨画让人看不尽西湖的美，而邮票馆里方寸之间也能浓缩杭州风华，文房雅玩馆的大物小器飘散出雅趣逸致，杭州人文气脉鱼贯而来。出土文物中哪怕一块碎瓷片都足以让观众直面杭州的变化，厘清城市的记忆。

杭州，这座城

浙江美术馆
钢铁金字塔下的艺术

在 10 月的微风中，穿过万松岭隧道，宏伟的浙江美术馆在行道树后隐约露出硬朗利落的外形。这个具有强烈风格的建筑物在 2016 年经历了长达 4 个月的整修，是国家第二批重点美术馆。

站在浙江美术馆前，艺术气息已经扑面而来。美术馆门前有开阔的广场和广阔的草坪，草坪的小径之上几个竹编的"空中楼阁"像 UFO（不明飞行物）一样浮在树林的空中，

　　草坪边千百支粗壮的竹竿交错在一起，组建成一个刺猬般的装置，几根圆形大竹竿横着架在地面上，有人坐在上面欣赏美术馆的各种奇特的设计。秋千悬在竹竿之间，姑娘们和孩子们在秋千上优哉游哉地荡着。

　　再看浙江美术馆的建筑，是典型的现代建筑。它的正中间是四平八稳的平楼，两边和后排崛起了大量的钢梁结构，结构的外墙都是玻璃。这些钢梁结构都是三角形或三角形的变形，既有现代的视觉冲击感，又隐约能感觉到是江南民居的斜坡屋顶的新演绎。

　　浙江美术馆里有大小展厅14个，恒温恒湿展厅6个。中央大厅直接挑高至天花板。天花板正是在外面看到的三角形钢梁结构。太阳光轻易穿透玻璃顶照到大厅里，不需要其他照明设施大厅就已经足够明亮。各个展厅里美术作品一幅幅陈列，陈列手法多变而又出彩。

　　浙江美术馆重点收藏和展览反映了浙江美术发展历程的藏品，包括近现代浙江籍和在浙江有重要美术活动的美术家作品、文物、文献，世界上有重要影响的美术流派、美术家的代表作品及文献，当代美术创作、美术研究代表性成果，古代美术、现代美术、民间美术、工艺美术精品。展览以中国画家和中国画类别的作品为主，这是浙江美术馆的一大特色。

杭州，这座城

中国丝绸博物馆
精妙建筑里的"丝绸之路"

中国丝绸博物馆位于莲花峰下、玉皇山前，是中国第一家国家级丝绸专业博物馆，也是世界上最大的丝绸博物馆。

丝绸博物馆的展厅由"锦程——中国丝绸与丝绸之路"、"天蚕灵机——中国蚕桑丝织技艺非物质文化遗产展示"、纺织品文物修复展示馆、"中国时装艺术展"、"西方时装馆"和临时展厅六个部分组成。馆里展品丰富，堪称锦绣繁华。橱窗里几千年前的衣物

204

写满了丝绸之路的沧桑。古老的织布机还在发出"唧唧复唧唧"的声音。馆里的工作人员穿着汉服"当户织",这奇妙的景象引来外国人好奇的目光。

时装馆里,时装既诉说着百年变革,又诉说着丝绸与你我的故事。古今中外,一条条桑蚕丝方尽,一件件华服迎面来,在"丝绸之路"上有说不尽的传奇。每个走在馆里的人毫无疑问都经历了一次他们自己的"丝绸之路"。

走这条"丝绸之路"的奇妙之处还不是参观本身,而是游走在各馆之间。博物馆的展馆分而连之,各馆之间,小桥流水、湖泊树林、曲径妙廊层出不穷。最有意趣的是中间部分的小湖泊和锦绣廊。小湖被展馆建筑包围着,碧绿得像翡翠一样。湖泊中间还有曲径相通,分出的细流之上有小巧拱桥点缀。宽阔的草坪上豁然有广场出现,五颜六色的织品装饰给广场平添了几分姿色。走到锦绣廊,但见白色长廊建筑优美地画出一条回旋的弧,廊还半敞着,前高后低,着实有着后现代的奇妙感觉。地下草坪起伏,一条石阶划过,几棵青树孤独站立。

漂亮风景边上还有一家小店。店里集合了咖啡馆、纪念品商店和书店的功能。店堂装饰简约,陈列着书籍和精美的博物馆纪念品。纪念品都是博物馆的定制产品,小到书签大到衣物,都蕴含独特的创意。喝着咖啡,再看看丝绸在当代的创意演绎,给古老的"丝绸之路"画上一个圆满的句号。

杭州，这座城

南宋官窑博物馆
一代古窑红尘中

南宋官窑博物馆在杭州乌龟山西麓。它以宋朝龙窑遗址为基础建立，是国内少数有真窑址的博物馆，也是中国第一座陶瓷主题博物馆。

走进博物馆，气象让人有些恍然。博物馆不是独栋建筑而是园林，园林间散落着多栋建筑，宽阔、干净的石板路和沥青路穿梭在一片青葱之中。树林里还有水系环流，河流上架了小巧的木桥。秋季，银杏黄了，枫叶红了，而常青树还是绿的，院子里红、黄、绿渲

染在了一起。树林背后博物馆的"古楼"悄悄站立，宋朝的短屋脊、斜坡顶、黑瓦片、木架构带来了古风，整个博物馆像是一座从宋朝飞来的花园。

清静的沥青马路上，一座座小馆子等着游客。从南宋历史文化到历代名窑再到南宋官窑文物，这些小馆子一一涉猎，而最精彩的就是南宋官窑"龙窑"的遗址。南宋官窑是宋代五大名窑之首。800多年前宋朝南迁，宫廷集结能工巧匠在皇城西南林木茂盛的丘陵地带重设了南宋官窑，专门为皇帝及皇室烧制高级生活用瓷和艺术陈设瓷。它烧制的瓷器造型端庄、釉色莹润、薄胎厚釉，在中国陶瓷史上独树一帜。

很幸运地，800多年后南宋官窑的遗址被发现，当年官窑的样子被成功复制。遗址中大部分是一块块大泥地，面积约有四个篮球场大。泥地里有新修的石板路供游客通行。离入口较近的泥地里有一个木棚，里面的木架子上摆着陶器。这里恢复的是上釉、修坯工房。稍远处泥地上有一个浅浅的坑，是练泥的地方。练泥场边上放着一个土坯和小板凳，此地过去是成型、晾坯的地方。再沿步道前行，泥地中间地带有一个狭长的坡道。在坡道口和中间地带可以明显看到垒砌起的老砖，这里就是龙窑的窑口，斜坡就是以前烧窑的窑堂，现在堂里长起了青苔、小草。惊艳了800多年的南宋皇家瓷器就从这里走向世界。

如果觉得光看不过瘾，还可以参与博物馆的互动性项目。在博物馆工作人员的指导下，你能制作出自己的陶艺作品，亲身体验古代陶瓷艺人用泥与火创造陶艺文化的艰辛与乐趣。当你的手指沾上黏土，800多年的历史就融汇在指尖之上。

杭州，这座城

八卦田遗址公园

城市里的皇家田园

玉皇山下南复路边有一块大石碑，石碑上写着"八卦田"三个字。从这里看，大树遮挡了视线，看不出有半点"田"的踪迹。然而当人们从背后的小路绕进去时，蓝天下真的有一片田野。

这片叫作八卦田的田野来头不小。这里曾经是南宋皇家籍田的遗址。"籍田"是皇帝在春耕前亲自下地耕种的仪式。也就是说，南宋的皇帝曾经在这里耕过地。

　　皇帝的田地确实与众不同。正如其名，八卦田是一个大八卦。在外围有一条护田河，有数条栈道通往八卦田。护田河边还有一个个茅草顶的凉亭，亭子外摆着露天座，是不错的茶座。

　　顺着栈道可以跨过护田河接近八卦田，只见田野被一块块分割了，每一块田里都种着不同的植物。

　　这不是今人的设计，而是模仿古代八卦田种"南宋九谷"的习俗。但今天种植的不止"九谷"：环核心区种植龙井茶等具有杭州本土特色的农作物以及部分时花，外围区配置紫、绿二色甘蓝等经济类蔬菜，中心区按卦位分别种植了籼稻、糯稻、大豆、茄子、绿豆、粟、红辣椒、四季豆等农作物。许多城里的孩子来了这里，简直大开眼界，许多作物他们都是第一次看见。

　　除了田野，八卦田还有一些农耕文化展示区，各种农耕工具和皇帝的农耕图能让人们对农耕有全新的认识。走出农耕区，在白云路上有一个白云庵，顺着边上的石阶可以上到玉皇山。在这条石阶上遍布着隐秘的古迹，还有好几个观景台可俯瞰八卦田。费力爬上最高点的道观还会看到西湖景色。对于喜欢寻幽探险的人来说，这里是乐园。也许只有在山巅你才能明白为什么皇帝会在玉皇山下种田。

杭州，这座城

六和塔
之江边眺望杭城

在之江（钱塘江）边，连绵的青山脚下，六和塔清秀地矗立着。在江边，无论从哪个角度都能轻松地看到它。城市日新月异，六和塔却总能在江边带给我们古都应有的古雅气质，这也许就是六和塔最讨人喜欢的地方。

六和塔依靠的青山叫月轮山。这座砖木古塔是杭州保存得最好的古迹之一。它是一座从北宋传下来的塔。不过，今日所见塔身是南宋重建的，有800多年历史。

广场上绿意盎然的树木把宝塔的大门包得严严实实，背后的古塔高高雄立，没有丝毫的奢华和炫耀，砖木朴素的外表在绿色的衬托下显得尤为清丽。抬头看六和塔，有七层高，特别之处在于其中六层内部是封闭的，只有第七层内部与塔身相通，形成"七明六暗"的独特构造，红柱和浅浅屋檐相通。塔身内长长的甬道穿过厚实的墙壁通往塔外，甬道外的四个门透着塔外的强光和风景。壁龛的内部镶嵌有《四十二章经》的石刻，中心的小室原来是为了供奉佛像而设的，为仿木建筑，制作讲究。须弥座上留下了精美的砖雕，飞禽走兽、花草飞仙穿过千年历史和今人会面。

走出外形流畅生动的壶门，来到外廊。外檐下垂铃作响，远处钱塘江江水滔滔。到六和塔当然要登高远眺，否则就辜负了"六和听涛"的盛名。沿着层层旋转的楼梯，每上一层，钱塘江就会显得更浩渺辽远。如果到达塔顶，凭窗远眺，塔铃下是烟波连天的钱塘江，雄伟的钱塘江大桥横跨江上，来往的汽车和火车都好似玩具一般。如果赶上大潮，汹涌大潮激起千层"雪"，更有摄人心魄的气势，这时顿觉六和塔为镇住钱塘江大潮而建的传说也不无道理。

中国塔的万千气象在六和塔身上几乎都有所体现。如果还不过瘾，塔边有碑亭、塔林，全国各地的宝塔几乎都浓缩在这里，在这里可以看尽中国塔文化。

杭州，这座城

虎跑
山林公园饮口泉

杭州西南大慈山下、慧禅寺边，一汪清泉从岩缝中涓涓流淌下来。它造就了杭州虎跑胜景，留下一段"虎跑梦泉"的传说。

虎跑实际上掩映在一片山水妙林中，更准确地讲是一个以虎跑泉为核心的公园。一走进去，一片水潭中生长起来的林地就映入眼帘。水浅浅的，清澈见底，细细的杉木在水中生长，寺庙遗留下的建筑散落在林壑、坡地、溪流间。一片片莲叶铺在水塘里，一朵朵小

黄花穿破水面，不蔓不枝地亭亭玉立着。树林背后可能就是一个小亭子。溪边的岩石上小蜻蜓轻巧地停在那儿，你一靠近它就忽地一下飞走了。

走到底可以看见两只石虎盘踞林中，这时虎跑泉才露出踪影。石块砌出的水池里，苍劲的岩石中泉水涌出。水池壁上刻着"虎跑泉"三个字，据传为西蜀书法家谭道一的手迹。虎跑泉的泉水历来被认为质量很高，居西湖诸泉之首，和龙井泉一起被誉为"天下第三泉"。虎跑本来有三个泉口，现在合并成两个水池。其中一个水池边，一个石雕的僧人横卧，两只老虎从他身后走来。这组"梦虎图"的浮雕正是虎跑梦泉的典故。远道而来的游客更喜欢在水池边坐下，用清冽的泉水泡泡脚，一洗暑气。

逛虎跑的重点当然是虎跑泉水。"龙井茶叶虎跑水"素称"西湖双绝"。在虎跑观泉、听泉、品泉、试泉，其乐无穷。这泉水你一定要亲口尝尝。它水质纯净，甘洌醇厚，传说用它来泡龙井茶最好。许多杭州当地人隔三岔五会到虎跑来取水。他们自称从不喝自来水，只喝虎跑泉水。所以你进景区之前一定要多准备些空瓶子，用来盛水。最好煮沸后泡上一杯龙井茶，这才能让虎跑之行回味无穷。

满陇桂雨

桂花树下喝龙井

满陇桂雨是一个奇怪的景点,它其实指的就是满觉陇。满觉陇是杭州西南南高峰和白鹤峰夹击下的山谷。因为在古代建了满觉院,此地就因寺得名。但此地的风景却因为路边植满桂树而成就。

山道边 7 000 多株桂树浩浩荡荡开枝散叶,金桂、银桂、丹桂、四季桂比肩争艳。每当金秋时节,百花争香,唯丹桂香气胜出。闻着桂花香,在山道上缓缓而行,片片落叶飘

吴山　虎跑　满陇桂雨

然而下，满地的黄和绿，秋意正浓。路边桂花树间白墙黑瓦的江南民居矮矮地排列着。有时一条石阶通向山上，信步上去，在江南大院的背后居然有一片茶园跃入眼帘，忽而有古朴亭子从绿色低矮的茶园里钻出，旁边还紧紧依偎着一棵大树，田园的惬意油然而生。

再走回山下，民居前有石栏围住的露台。有的露台被废弃了，走上去，脚下厚厚地铺满树叶，头顶上桂树像遮阳伞一样把天空挡住。对面的露台却已经开发成茶座、餐厅。真正的遮阳伞下，游人舒适地坐在院子里，品着茶聊着天，树叶在他们身边缓缓掉落。

不管怎样，在满陇桂雨的桂花香中坐下来喝一杯茶是惬意的事，尤其是喝一杯村民自制的桂花龙井。虽然价格不便宜，但也算是在满陇桂雨"入乡随俗"。看着像雨一样掉落的树叶，喝着桂花香味的龙井，望一眼迂回而去消失在山林里的山道，你才知道真正的风景有时没有围墙，没有门票。

马灯部落

山林村落里的潮餐厅

马灯部落在民宿密集的四眼井山上,是杭州很出名的一家创意餐厅,有着特别的口味和风景。其实马灯部落原来是一家青年旅舍,经营中餐反而越做越好,索性将副业做成了主业。杭州有许多民宿都有类似的经历,马灯部落是其中最成功的转型者之一。

四眼井是一个有趣的地方。在细小的山道上,民居几乎都改成了民宿或餐厅、咖啡馆,清秀的山道上,设计独特的店面遍布两边,把本来一个山上的村落打扮成一个有点艺术氛围的小区。

马灯部落就在上行山道的第一个拐弯处。餐厅在半山腰上，底下的山壁挂着轮胎做的招牌，墙壁上涂鸦着很多餐厅介绍和心灵鸡汤式的"部落语录"。抬眼看餐厅，房子好似天外飞仙似的吊在山路上。餐厅建筑没有了民居模样，反倒有几分洋气。

走过斜斜的坡道才能上到餐厅门口，大门入口处是时髦的大吧台，倒挂的玻璃酒杯闪闪发光，背后墙壁变成一大块黑板，上面写满了餐厅的菜单。

吧台边上是一个大露台，是人们最爱坐的地方。整个露台都是木质结构的，木头搭起大气凉棚，木头铺就地板，长木椅、长木桌上坐满了客人，还有一排桌椅做成了吧台式样。坐在高高的木质吧台椅上可以欣赏四眼井的风景。到了晚上，一盏盏马灯把桌椅照亮，仿佛是中世纪欧洲庄园的花园餐桌。

马灯部落的室内也有许多有趣的创意设计。红砖墙上有许愿墙、名片墙，原木餐桌周边的多宝槅放着各种怀旧玩具，花花的尼泊尔纸灯在天花板上垂下四条绳须。马灯部落的菜也富有创造性。烤羊排、烤羊腿是大部分人必点的菜，薄薄的锡纸上羊腿散发着阵阵香气，羊肉没有膻味，肉质酥嫩，是肉食者的福利。地中海蔬菜锅秀色可餐，说不清是哪里的做法，但清淡健康又好看，让每个人都能接受。灯影土豆丝则是把极细的油炸土豆丝堆成一座小山，口感爽脆，一定要趁热吃。这里提供的美式比萨饼也不错，在吧台有专门的烤炉现烤，边缘烤得香脆，几种馅料也各具特色。吃比萨饼配上店里自酿的鲜啤堪称完美。马灯部落里倒茶和添饭都是自助的，算是保留了青年旅舍的一部分基因。许多人吃完饭都会赖在露台，再享受一下山间的气息，好不惬意自在。

杨梅岭

美丽山谷有人家

可能就连杭州人也未必全都听说过"杨梅岭",其实这个依山而建的小村落就隐身在满觉陇以西的山腰中。因为名气不如梅家坞、龙井路来得响亮,去的人少很多。可正因为不那么喧哗,才显出它的好来。

翁家山东南,杨梅岭村静卧山谷中。杨梅岭是九溪十八涧的发源地,而村子所在的山谷过去叫杨梅坞。

  杨梅岭村一头连着九溪十八涧，一头连着满陇桂雨。或许从满陇桂雨翻过翁家山进入更好，因为在村头你就能居高临下俯瞰这片漂亮的山地村落。一片粉墙黛瓦被青山环抱着，山坡上乔木林里忽而低下去一片，那是整齐的茶梯田。村子半新半旧，新盖的屋顶瓦片油光锃亮，边上的土瓦依旧肃穆清淡。村落中总是浮出一丛丛绿意，崭新的白墙中一片竹林飘荡在风中，一个红色遮阳伞露出伞顶。坚硬的石块垒起两人多高的墙来，娇滴滴的青藤爬满灰色的石墙。唯一的遗憾是不见杨梅，村里的人都种上了龙井。

  古老的村落已经悄然改变，不断有新盖的楼房，家家户户都做起了旅游休闲的生意。这边一家农家乐，那边一家民宿，下一家是茶馆……群山怀抱中，你可以找一张桌子，喝一杯茶，欣赏鸟语花香，遥望青青茶田。索性骑车来，在青石板路上磕出"丁零当啷"，畅快的下坡路上尽是你的欢笑声。累了就停下歇会儿，在道路两边随处找个茶庄坐下。让眼前的层层茶树和远处山坡吹来的山风，还有淡淡的茶香消解你的疲乏，得到与世无争的安静。

本图书由北京出版集团有限责任公司依据与京版梅尔杜蒙（北京）文化传媒有限公司协议授权出版。

This book is published by Beijing Publishing Group Co. Ltd. (BPG) under the arrangement with BPG MAIRDUMONT Media Ltd. (BPG MD).

京版梅尔杜蒙（北京）文化传媒有限公司是由中方出版单位北京出版集团有限责任公司与德方出版单位梅尔杜蒙国际控股有限公司共同设立的中外合资公司。公司致力于成为最好的旅游内容提供者，在中国市场开展了图书出版、数字信息服务和线下服务三大业务。

BPG MD is a joint venture established by Chinese publisher BPG and German publisher MAIRDUMONT GmbH & Co. KG. The company aims to be the best travel content provider in China and creates book publications, digital information and offline services for the Chinese market.

北京出版集团有限责任公司是北京市属最大的综合性出版机构，前身为1948年成立的北平大众书店。经过数十年的发展，北京出版集团现已发展成为拥有多家专业出版社、杂志社和十余家子公司的大型国有文化企业。

Beijing Publishing Group Co. Ltd. is the largest municipal publishing house in Beijing, established in 1948, formerly known as Beijing Public Bookstore. After decades of development, BPG now owns a number of book and magazine publishing houses and holds more than 10 subsidiaries of state-owned cultural enterprises.

德国梅尔杜蒙国际控股有限公司成立于1948年，致力于旅游信息服务业。这一家族式出版企业始终坚持关注新世界及文化的发现和探索。作为欧洲旅游信息服务的市场领导者，梅尔杜蒙公司提供丰富的旅游指南、地图、旅游门户网站、App应用程序以及其他相关旅游服务；拥有Marco Polo、DUMONT、Baedeker等诸多市场领先的旅游信息品牌。

MAIRDUMONT GmbH & Co. KG was founded in 1948 in Germany with the passion for travelling. Discovering the world and exploring new countries and cultures has since been the focus of the still family owned publishing group. As the market leader in Europe for travel information it offers a large portfolio of travel guides, maps, travel and mobility portals, Apps as well as other touristic services. Its market leading travel information brands include Marco Polo, DUMONT, and Baedeker.

DUMONT 是德国科隆梅尔杜蒙国际控股有限公司所有的注册商标。
DUMONT is the registered trademark of Mediengruppe DuMont Schauberg, Cologne, Germany.

杜蒙·阅途 是京版梅尔杜蒙（北京）文化传媒有限公司所有的注册商标。
杜蒙·阅途 is the registered trademark of BPG MAIRDUMONT Media Ltd. (Beijing).